누가 국가를 만드는가?

누가 국가를 만드는가?

발행 2021년 7월 24일

지은이 현영갑
발행인 윤상문
디자인 박진경, 이보람
발행처 킹덤북스
등록 제2009-29호(2009년 10월 19일)
주소 경기도 용인시 기흥구 동백동 622-2
문의 전화 031-275-0196 팩스 031-275-0296

ISBN 979-11-5886-217-6 (03230)

Copyright ⓒ 2021 현영갑
이 책은 저작권법에 따라 보호받는 저작물이므로 무단전재와 복제를 금지하며,
이 책의 내용의 전부 또는 일부를 이용하려면 반드시 저작권자와 킹덤북스의
서면 동의를 받아야 합니다.

※ 잘못된 책은 구입하신 곳에서 교환하여 드립니다.
※ 책 가격은 표지 뒷면에 있습니다.

킹덤북스(Kingdom Books)는 문서사역을 통해 하나님의 나라를 확장하고,
한국 교회와 세계 교회를 섬기고자 설립된 출판사입니다.

누가 국가를
만드는가?

현영갑 지음

킹덤북스
Kingdom Books

목 차

머리말 • 7

01 하나님의 구속사 개관 • 13
사람을 살릴 영적 생명의 길을 열어라
자유를 지킬 수 있도록 나라를 만들어라
이스라엘 백성을 신앙 공동체로 만드시기 위해서는 훈련을 시켜야 한다
말씀으로 오실 예수 그리스도를 예표하는 성막을 짓고 중보자 제사장을 세우라
성전 제사를 관리할 제사장을 세워라
예수 그리스도의 몸인 예루살렘 성전을 건축하라
구약의 모든 길은 예수 그리스도로 통하게 하라

02 하나님이 약속하신 젖과 꿀이 흐르는 가나안 땅 • 29
마중물, 아브라함
백성과 국민
노예근성
하나님의 숙제
젖은 생명, 꿀은 자유 상징

누가 국가를 만드는가?

03 하나님이 자유를 위하여 이스라엘 국가를 세움 • 47

아브라함을 택하신 목적
국가란?
국민: 아브라함의 후손 히브리 공동체
영토: 젖과 꿀이 흐르는 가나안 땅
주권: 하나님의 말씀(하나님의 뜻)
국민 국가(Nation-State)
하나님이 만드신 이스라엘의 건국 과정

04 이스라엘 왕정 제도의 특징 • 83

왕정 제도를 허락하는 조건(신 17:14-20)
권력 분배
왕정 제도를 허락한 사무엘 선지자의 경고
이스라엘의 초대 왕 사울이 폐위된 이유
군대 숫자를 계수한 다윗의 죄
누가 다윗의 마음을 격동시켰는가?
다윗이 정비한 제사장 제도
제사장 제도에 대한 결론
솔로몬의 타락
히스기야 왕의 교만에 대한 대가
이스라엘의 마지막 왕 헤롯 왕가의 패망
결론

05 제사장 직분과 목사의 직분 • 173

제사의 의미
제사장 직분
구약 시대 제사장들의 사역
구속사의 메카니즘으로 본 세례 요한과 예수님의 관계
구약의 제사장과 신약의 목회자와의 관계
목회자는 구약의 나실인
목사의 권위

06 대한민국, 조로증(Progeroid syndromes)에 걸리다 • 207

대륙 세력이 아닌 해양 세력을 지향해야 하지 않을까?
세계 패권의 질서를 읽어라
이승만의 등장
대한민국 임시 대통령
임시 정부 대통령 탄핵(1925)
구미외교 위원부 활동(1925-1930)
임정과의 갈등
외교 홍보 활동(1930-1933)
임정 외교 위원, 국무 위원 선임(1934-1939)
태평양 전쟁의 참전국 일원으로
미국의 소리 방송(VOA)의 항일단파방송 선전 활동
전략사무국(OSS) 지원 요청
미국 워싱턴에서 맞은 광복
이승만의 외교독립론
자유 대한민국의 두 날개
70년 만에 이룬 코리아의 기적
로마 제국의 멸망 원인과 신생 강국 대한민국의 증상

머리말

하나님이 주신 자유를 깨닫고 성경을 처음부터 다시 읽기 시작했다. 지금까지 성경을 기독교의 경전으로 신앙(구원)의 문제를 해결하는 교과서로만 알고 읽었다. 그리고 성경의 지식을 통해 나도 모르는 사이 기복적 신앙인으로 성장했고 이것이 성경의 모든 것인 줄로 알고 살았다.

자유를 주시기 위해 오신 예수 그리스도를 만나지 못하면 천국을 가기 위한 메시아로 오신 구원자 예수만을 읽게 되고 천국만을 앙망하는 기복적 신앙인이 되고 만다. 그러면 현실에 발딛고 사는 신앙인이 되지 못한다는 말이다. 신앙은 미래를 향한 도전이지만 현실이라는 토대 위에 서지 않으면 신앙은 공허해진다. 현실이 배재된 관념적 내세만을 위한 신앙은 결코 세상을 변화시키지 못한다.

자유는 곧 현실이다. 아담이 범죄함으로 잃은 것은 육신의 생명보다 더 중요한 영적 생명이다. 이 영적 생명이 자유라는 사실을 알게 된 후 하나님이 보였다. 그리고 하나님이 인간의 영적 생명(자유)을 회복시킬 다급하신 구속사의 계획이 눈에 들어왔다.

개인의 자유를 회복하고 지키기 위해서는 개인의 힘으로는 불가능하다. 개인이 아무리 자신의 자유를 지키려 해도 강한 힘을 가진 타인은 개인의 자유를 힘과 권력으로 굴복시킨다. 타자의 권력의 힘으로부터 개인의 자유를 지키기 위한 유일한 방법이 정의로운 국가를 만들어 주는 것이다. 이 계획이 노아 홍수 이후 아브라함을 부르신 목적이다. 그를 통해 하나님은 드디어 이스라엘이라는 제사장 국가를 만들기 시작하신다.

하나님이 만드신 국가 이스라엘이 어떻게 건국되었는지를 알면 이스라엘을 통해 하나님이 이루시고자 하시는 구속사의 계획의 초점이 예수 그리스도라는 사실을 알게 된다. 바로 이스라엘은 하나님의 아들 메시아가 이 땅에 오실 좌표다. 하나님이 만드신 이스라엘 건국 역사를 통해 현재도 같은 나라를 꿈꾸고 계시고 그렇게 다가올 새 하늘과 새 땅이 곧 새 예루살렘이라는 사실을 알게 된다.

그리고 이스라엘이라는 신앙의 울타리를 만들어주시고 아브라함으로부터 이루신 민족 공동체를 야곱을 통해 신앙 공동체로 바꾸기 위해 성전의 기초를 세우시고 하나님은 예수 그리스도가 성전의 머리가 되게 하시고 이 성전과 제사를 관리할 제사장을 세우신다. 제사장은 앞으로 오실 대제사장 예수 그리스도다. 우리의 대제사장이요 교회의 머리가 되신 그분은 교회를 통하여 성도를 왕 같은 제사장으로 세워나가신다.

국가를 운영하는 시스템이 정치다. 그러기에 국가를 통하여 신앙의 자유가 지켜진다. 정교의 분리가 얼마나 하나님의 뜻과 동떨어진 말인지 알 수 있는 대목이다. 신앙인이 정치에 관심이 없고 정치와 무관하다면 나의 신앙의 자유는 정치로 말미암아 파괴되고 만다. 우리가 정치에 적극적으로 참여해 신앙의 자유를 지켜야 하는 이유다. 특히 정교가 분리되는 순간 우리의 신앙은 현실적 터전을 잃게 되고 추상화되어 내세적 신앙이 되고 만다.

현재 미국이나 대한민국의 현실을 보면 정치가 어떻게 현대인의 삶을 송두리째 악의 구렁텅이로 끌고 들어가는지를 뼈저리게 느낄 수 있다. 미국이라는 나라가 신앙의 자유를 찾아온 청교도 정신으로 세워진 것처럼 대한민국의 건국 역시 이승만 대통령을 통해 기독 입국론에 입각한 자유 민주주의 국가로 탄생했다. 그래도 신앙과 정치를 분리해야 한다고 주장할 것인가?

이스라엘을 제사장 국가로 만들어 가시는 하나님의 구속사의 여정을 보면서 "누가 국가를 만드는가"에 대한 해답을 얻었다. 그리고 국가라는 현실에 직면하고 살면서 신앙인으로서 어떻게 국가를 만들어 가야 하는지의 답을 알게 되었다.

국가는 개인의 자유를 지켜주는 담장이다. 하나님이 주신 소중한 자유를 지키기를 원한다면 국가가 무엇을 해주기를 바랄 것이 아니라 신앙을 가지고 국가를 위하여 무엇을 할 것인가를 생각하라. 왜 미국의 케네디 대통령이 이런 류의 말을 했는지 이해하게 될 것이다. 국가는 개인의 인권인 자유와 생명과 행복 추구권을 지키기 위해 만들어졌기 때문이다.

현대인의 신앙이 점차 관념화 내지는 내세화되어 가고 특히 한국인들 특유의 기복 신앙화와 되어가는 현실이 안타까워 자유의 정신으로 성경을 해석하고자 이 책을 쓰기 시작했다.

하나님의 간절한 사랑이 담겨 있는 마음의 편지인 성경을 사람의 입장에서 해석하지 말고 하나님의 구속사적 입장으로 해석하면 그분의 간절한 소망을 읽을 수 있다. 구약의 이스라엘 국가를 왜 건국하셨는지, 예수 그리스도가 주신 자유의 정신으로 세워진 미국이라는 나라의 의미가 무엇인지, 왜 동방의 작은 나라 대한민국이 자유 민주주의 국가로 세워졌는지에 대한 의문을 하나님의 구속사를 알면 그 답이 눈에 들어온다.

신구약을 통틀어 종교 개혁의 대상이 일반 백성이 아니라 예수 그리스도를 예표하는 제사장들이었다는 사실을 직시하라. 그리고 1517년 마르틴 루터에 의해 시작된 종교 개혁의 대상이 누구였는지를 알면 한국 기독교가 살아나고 대한민국이 다시 일어설 수 있는 답을 얻게 될 것이다.

정녕 성경이 말하는 하나님의 구속사의 뜻에 조그만 힘이라도 보태고 싶은 간절한 마음으로 또 한 권의 졸필을 세상에 내어 놓는다. 이 책이 나오기까지 감수해주신 친우 뉴욕 방주교회 김천수 목사님께 감사드리며 기념작으로 세상에 얼굴을 내밀 수 있도록 도와주신 킹덤북스(Kingdom Books) 대표 윤상문 목사님께 다시 한번 감사드린다.

2021년 6월 뉴욕의 서재 겸 기도실에서
저자 현영갑

01

하나님의 구속사 개관

01 하나님의 구속사 개관

하나님의 구속사란 에덴 동산에서 하나님의 명령을 어기고 범죄함으로 아담과 하와가 영적 생명(자유)을 잃고 죄의 종(노예)이 되자 하나님은 이들에게 다시 영적 생명을 되찾아 주기 위해 세우신 인류를 향한 하나님의 원대한 사랑의 실현, 구원 계획이다.

실제로 아담과 하와가 범죄한 후 죄로 인한 죽음이 세상에 들어왔지만 아담은 범죄 직후 바로 죽은 것이 아니라 930세를 향유하고 죽었다(창 5:5). 그렇다면 하나님의 "선악과를 먹는 날에는 네가 정녕 죽으리라"는 말씀은 거짓인가?

하나님은 아담을 지으실 때 당신의 형상과 모양대로 지으셨다. 그러므로 아담이 범죄하기 전까지는 아담에게는 하나님이 주신 육적 생명과 영적 생명을 함께 가지고 있었다. 이 영적 생명을 가지고 있었기 때문에 하나님과 언제든지 소통하고 동행할 수 있었다. 이 영적 생명이 없이는 영이신 하나님과 교통

할 수가 없다. 결국 아담의 범죄 후 죽은 것은 영적 생명이 죽은 것이다. 만약 선악과를 먹는 날 아담의 영적 생명과 더불어 육적 생명도 죽었다면 인간에게는 구속사가 필요 없었을 것이다. 비록 영적 생명을 잃었다 할지라도 육적 생명이 남아 있어 이 세상에서 회개할 기회를 주신 것이 얼마나 다행스러운 일인가? 우리에게 주신 육적 생명은 우리의 영적 생명을 살리시기 위한 보험 장치이다. 그러므로 육적 생명이 살아 있는 동안 영적 생명을 회복할 수 있도록 하나님의 방법대로 최선을 다해야 한다. 마지막 이생에서 육적 생명이 다할 때까지 … 다음 기회는 다시는 없기 때문이다.

아담의 범죄 후 이 세상에 죽음이 들어왔기 때문에 죄의 결과인 죽음을 이길 수 있는 유일한 방법은 하나님의 구원 계획에 따라 영적 생명을 회복하고 예수님 재림하시는 날 육적 생명이 일어나 예수님처럼 부활의 옷을 입고 새 하늘과 새 땅인 새 예루살렘에 가는 것이 영생이요 구원인 것이다.

그렇다면 하나님께서는 인간을 죽음으로부터 구원하시기 위해서 어떤 신비하고 기묘한 계획을 세우셨을까? 이것을 아는 것이 영생의 길이다(요 17:3). 하나님의 이 구속 방법은 최상의 방법이다. 그 어떤 방법도 하나님의 구속 계획보다 더 최상위에 있을 수 없다. 다른 방법은 없다. 가장 최상의 방법, 이것이 로고스(λόγος, logos)다.

이 하나님의 구속사의 길을 아는 것이 성경의 말씀이고 이 말씀은 하나님이시고 말씀이신 하나님이 육신을 입고 이 땅에 오신 분이 예수 그리스도다(요 1:1).

　옛날 초등학교 시절 읽었던 "병아리를 구한 어미닭의 이야기"를 보면 하나님의 다급함이 느껴진다. 어느 따뜻한 봄날 어미닭이 병아리를 데리고 소풍을 나왔다. 어미닭은 병아리들에게 어미가 주는 부드러운 모이를 먹되 절대 딱딱한 모이를 함부로 먹지 말라고 신신 당부를 한다. 그런데 병아리 중에 한 녀석이 딱딱한 도토리를 발견하고 그만 엄마에게 물어 보지도 않고 그 모이를 삼키고 말았다. 그러자 이 모이가 어린 병아리의 목에 걸리고 말았다. 목이 막혀 숨도 쉴 수 없이 목숨이 위태로운 아기 병아리를 살리기 위해 어미닭의 모험이 시작되는 이야기이다. 온갖 어려움을 다 겪으며 어미닭은 결국 아기 병아리에게 물을 떠다 마시게 한 후 병아리를 살려냈다는 감동의 이야기이다.

　인간의 범죄 후 하나님은 아담과 하와를 에덴 동산에서 추방하고 말았다. 왜냐하면 혹시나 이들이 죄를 저지른 상태로 선악과와 함께 동산의 중앙에 있던 생명 나무의 열매를 따 먹을 경우 죄의 생명으로 영벌 속에 사는 것을 막기 위해 하나님은 생명 나무를 그룹 천사와 두루 도는 화염검을 두어 생명 나무의 길을 지키게 하였다(창 3:24).

　하나님은 아담과 하와를 살릴 길을 마련하시기 위해 눈물을 머금고 이들을 에덴에서 쫓아낸 것이다. 그렇다면 이들을 살릴 길은 무엇인가? 이 계획이 하나님의 구속사의 계획(The history of redemption)이다.

먼저, 사람을 살릴 영적 생명의 길을 열어라

의로우신 하나님이 죄로 더럽혀진 인간을 만나기 위해서는 먼저 인간의 부끄러운 부분을 가려야 했다. 의로우신 하나님이 죄인인 인간과 함께 할 수 없는 노릇이다. 그것을 위해서 하나님이 짐승을 잡아 가죽 옷을 해 입히셔서 부끄러움을 가려 주셨다. 짐승의 가죽을 얻기 위해서는 반드시 짐승을 죽여 피를 내야 했다. 인간의 죄를 가리기 위해서는 짐승의 죽임이 필요했다. 이것이 제사의 기본이요 하나님의 방법이다. 피의 제사가 필요했다(창 4:4; 히 9:22). 짐승을 잡아 죄인을 대신하게 하신 방법이 바로 단을 쌓아 제사를 드리는 것이다. 그러므로 인간의 죄를 가리고 영적 하나님을 만나는 유일한 방법이 단을 쌓아 제사를 드리는 것이기에 은혜의 길을 열어주셨다.

이제 영이신 하나님을 만날 수 있는 길이 열린 것이다. 이것을 믿음으로 받아들여야 한다. 하나님을 만나 그분과 교제하며 그분이 주시는 영적 말씀을 믿고 살아가는 길이 다시 영적 생명을 회복할 수 있는 길이라는 사실을 믿는 것이 믿음이다. 이 믿음만이 자유를 회복할 수 있는 유일한 길이다.

하나님은 이 자유를 회복시키는 방법을 주셨다. 믿음의 말씀을 믿는 것이다. 이 말씀이 진리고 생명이다. 그러므로 "진리를 알지니 진리가 너희를 자유케 하리라."(요 8:30)고 말씀으로 오신 예수님이 가르쳐 주셨다.

이제 자유를 회복하는 길을 알게 되었다. 그렇다면 이것을 어떻게 지킬 것인가? 사탄은 죄의 종이 된 인간을 끊임없이 죄악된 죽음으로 몰고 가는데 이 죽음의 길에서 생명을 지킬 수 있는 방법도 하나님이 주신 길밖에는 없다.

두 번째, 자유를 지킬 수 있도록 나라를 만들어라

인간은 연약한 존재다. 깨지기 쉬운 질그릇 같은 존재다. 이것이 인간은 "에노스"란 말이다(창 4:26). 세상으로 나간 불완전한 인간들은 무기라는 도구를 만들고 힘을 합쳐 하나님을 대적하기 시작했다. 그리고 권력을 차지한 자는 다른 약한 자를 자신의 노예로 삼아 자신의 힘을 과시한다. 하나님의 사랑의 말씀이 없는 세상은 무법천지의 약육강식의 정글로 바뀌고 만다(바벨탑 사건).

이런 정글에서 개인의 자유를 지키기 위해서는 국가를 만들어 법의 테두리 안에서 개인을 지키는 방법밖에는 없다. 우선 국가를 만들기 위해서는 민족과 국토가 있어야 한다. 이를 위하여 믿음으로 사는 한 사람을 불러 내신다. 그를 통해 민족을 만들어내야 한다. 여기에 부름을 받은 사람이 바로 아브라함이다.

1) 아브라함을 불러 민족 공동체를 만들어라(창 12장).
2) 이삭을 통하여 영토를 준비하라(창 26장).
3) 야곱을 불러 민족 공동체를 신앙 공동체로 만들어라(창 28장).

하나님이 아브라함을 불러내어 그의 후손을 통해 한 민족을 만드시겠다고 약속하신다. 그리고 아브라함에게 지시할 땅으로 가라고 명하신다. 이미 하나님은 구속사를 위해 땅과 민족을 준비하셨다. 그 땅이 약속의 땅 가나안이다(창 26:4).

그러나 여기서도 만족할 수 없다. 땅을 약속하셨지만 그 땅에는 이미 다른 민족이 살고 있었다. 이 세상은 우주 만물을 창조하신 하나님의 것이다. 하나님의 땅에 하나님의 사람을 살게 하기 위해 아브라함의 아들 이삭에게 우물을 파게 하신다. 이삭이 판 7개(아브라함이 판 우물 포함)의 우물이 바로 이삭의 것이요 그의 후손들의 것이다. 하나님은 이삭을 통해 영토를 확보하시는 것이다(Territory Marking).

이제 이 땅을 채울 믿음의 씨앗을 뿌려야 한다. 비록 아브라함을 택하여 민족 공동체를 만드셨지만 약속의 땅을 채울 후손은 민족 공동체에서 한 걸음 더 나아간 신앙 공동체로 채워야 한다. 이를 위해 야곱을 세우셨고 야곱에게서 벧엘의 서원을 이끌어 내셔서 믿음의 모범을 세우시고 이스라엘을 신앙 공동체 즉 언약 백성으로 삼으신다.

세 번째, 이스라엘 백성을 신앙 공동체로 만드시기 위해서는 훈련을 시켜야 한다

야곱의 12아들과 그들의 식솔들 70명이 가뭄을 피해 요셉이 국무총리로 있던 애굽으로 피신하지만 4백여 년을 애굽에서 살다보니 차츰 언약 백성들이 애굽화되어 가고 요셉을 알지 못하는 애굽 왕들이 세워져 혹시라도 이스라엘 백성들의 수가 많아져 자신들을 배신할까 두려워한 바로 왕이 이스라엘 백성을 애굽의 노예로 삼고 만다. 하나님의 선민 자유인으로 애굽에 들어간 이스라엘 백성들이 애굽의 노예가 되고 만 것이다. 더 이상 이들을 애굽에 두었다가는 하나님의 구속사가 늦어지든지 차질이 올 것이 분명하다.

하나님은 구속사의 무대로 소명자 모세를 불러내신다. 모세는 민족의 지도자가 되어서 하나님 대신 이들을 노예의 상태에서 해방시키기 위해 하나님이 그들의 조상 아브라함과 이삭과 야곱에게 약속하신 땅, 자유의 땅, 가나안으로 이끌고 간다.

광야의 출애굽 40년은 이스라엘이 신앙 공동체가 되는 훈련의 장소이다. 이스라엘이 하나님의 선민이자 신앙 공동체인 자유인이 되게 하기 위해서는 이제는 단 제사에서 하나님이 설계해 주신 성막 제사로 한 단계 업그레이드해야 한다. 그리고 지금까지 구전으로 명령해 오던 하나님의 말씀을 직접 돌에 새겨 사람들이 직접 읽게 하여 하나님과 더욱 가까운 언약의 백성이 되게 하신다.

네 번째, 말씀으로 오실 예수 그리스도를 예표하는 성막을 짓고 중보자 제사장을 세우라

아담이 범죄한 후 유일하게 하나님을 만나게 하신 방법이 단을 쌓아 제사를 드리는 것인데 이 제사는 앞으로 오실 메시아가 드릴 제사를 예표하는 것이다. 이를 위해 하나님은 모세를 세워 아론이 속한 지파, 레위 지파로 제사장 지파를 삼고 아론의 후손들로 제사를 집전하는 제사장으로 삼게 하신다. 성막은 이스라엘 신앙의 근원이요 제사장들이 성막을 메고 앞으로 나가면 백성들이 각 지파로 나눠 대형을 만들어 전진하게 함으로 하나님의 말씀을 따라 사는 백성임을 몸소 겪게 하신다. 이후로부터 제사장은 이스라엘 민족의 영적 지도자들로 서고 이들의 제사장 제도가 약화되면 이스라엘 백성의 신앙도 약해지고 제사장 제도가 강화되면 이스라엘의 신앙도 바로 서는 제사장의 신앙의 성결함 정도가 이스라엘 신앙의 저울추가 되었다.

다섯 번째, 성전 제사를 관리할 제사장을 세워라

우리의 영원한 중보자인 대제사장 예수님이 오시기까지 하나님과 죄인을 연결해 주는 중보자가 필요하다. 그 역할을 감당하는 사람들이 제사장들이다. 하나님의 백성을 신앙 공동체로 만들고 이어가기 위해서는 저들이 영적 생활과 제사 집전과 성전 관리를 책임져야 하기 때문이다. 성전은 예수 그리스도의 육체를 의미하고 제사장은 예수님의 대제사장 역할을 대신하는 그림자이기 때문에 하나님의 구속사에 있어서 예루살렘 성전과 제사장의 역할은 곧 예수 그리스도의 형상과 사역을 예표하는 것이다.

다윗 왕의 치세 중에 가장 훌륭한 업적 중의 하나가 바로 제사장 제도를 확립하고 24반차로 나눠 성전과 제사를 관리하게 한 것이다. 이후 종교 개혁의 핵심은 제사장권을 강화시키고 성결케 하는 것이 요건의 핵심이 되었다. 히스기야 왕의 종교 개혁의 핵심도 사사 시대 이후 사라진 유월절을 재정립하고 제사장을 성결케 하는 것이었고 요시아 왕의 종교 개혁 역시 성전과 제사장 제도를 정비하는 데 그 목적이 있었다. 바벨론으로부터 귀환한 느헤미야의 종교 개혁 또한 성전을 재건하는 것과 동시에 바벨론에서 이방인들과 결혼한 제사장들을 성결케 하고 정비하는 데 그 초점이 맞춰져 있다.

1517년 마틴 루터의 종교 개혁의 대상이 누구인가? 백성이 잘못되고 불순종하여 종교 개혁을 일으킨 것이 아니다. 교황의 사치와 향락을 위해 면죄부를 팔고 자신들의 뜻에 거스른다고 백성들을 자신들의 알량한 신앙의 잣대로 마녀 사냥하듯 감금하고 죽인 사람들이 중세 교황 시대 천 년 동안 약 5천만 명이 넘는다. 하나님의 뜻과 전혀 반대로 살면서 백성들을 신앙적으로 타락시킨 로마 교황청과 사제들, 그리고 종교 지도자들이 개혁의 대상이었다. 500년이 지난 현재도 종교 개혁의 대상은 교인들이 아니라 종교 지도자, 목회자들이란 사실을 잊어서는 안 된다.

민족 공동체로 이루어진 국가라 할지라도 신앙으로 무장하지 않으면 하나님의 자유를 지킬 수 없기에 하나님은 성전을 통해 이스라엘 백성을 신앙 공동체로 만들어 여호와 신앙을 성결하게 지켜나가게 하시는 것이다.

여섯 번째, 예수 그리스도의 몸인 예루살렘 성전을 건축하라

하나님의 구속사의 계획의 주인공은 예수 그리스도다. 구약에서 말씀하는 모든 하나님의 말씀과 제스쳐는 모두가 예수 그리스도에 그 초점이 맞추어져 있다. 그래서 교회를 상징하는 성전 건축은 예수 그리스도의 몸을 만드는 작업과도 같다. 그렇기에 하나님은 예수 그리스도를 예표하는 영적 제사장 멜기세덱을 세워 아브라함을 축복하게 하고 아브라함은 그에게 십일조를 드리게 함으로 모든 인류가 아브라함이 멜기세덱에게 십일조를 드리며 제사장으로 모신 것같이 예수를 그리스도로 모시게 한다.

먼저 하나님은 멜기세덱을 의의 왕, 지극히 높은 하나님의 제사장으로 세워 살렘 왕으로 다스리게 하셨다. 살렘은 평화를 의미하며 현재의 예루살렘의 옛 이름이다. 예루살렘 성전의 터를 미리 닦아 놓은 사람이 살렘 왕 멜기세덱이다(창 14:17-24).

이어 하나님은 아브라함에게 100세에 얻은 독자 이삭을 모리아 산에서 번제로 바치라고 명령하신다. 이 명령에 그렇게 고대하던 아들인데도 하나님이 바치라 하니 아무런 주저함 없이 아들 이삭을 바치는 순종의 모범을 보인다. 이삭도 노년의 아버지 아브라함의 손길을 뿌리치기라도 할 법한데 그 또한 아버지의 뜻에 순종한다. 하나님 앞에 순종하는 믿음을 증명한 이삭의 번제 사건은 모리아 산에 세워질 예루살렘 성전이 무엇을 하는 곳인지를 의미있게 알려준다(창 22장).

이 사건이 있은 후 약 천 년 후에 다윗이 통일 왕국을 완성하고 국력이 증대되자 하나님을 의지하기보다 군대의 힘을 자랑하고자 군대의 숫자를 세는 죄를 범하는데 이 범죄로 7만 명의 백성이 죽게 되자 하나님은 갓 선지자로 하여금 다윗에게 여부스 사람 아라우나의 타작 마당을 은 50세겔에 사게 하여 그곳에서 화목제를 드리게 하였다(삼하 24:18-25).

의와 평강의 왕 멜기세덱이 있던 살렘 땅에 아브라함이 독자 이삭을 바친 모리아 산이 있었고 이곳은 후에 다윗이 산 아라우나의 타작 마당이 되고 이 장소가 하나님의 구속사에서 없어서는 안 될 예루살렘 성전의 터가 되었다는 사실은 하나님의 구속사가 얼마나 정교하고 계획적인지를 알게 해 준다. 나중에 오실 예수 그리스도께서 십자가에 달려 돌아가심으로 산 제물이 되시고 대주제가 되시는 골고다 언덕에 십자가가 세워지는 곳이라면 하나님의 구속사의 주인공이 바로 예수 그리스도라는 사실을 다시 한번 입증해 주는 하나님의 살아 숨쉬는 역사였던 것이다(대하 3:1).

일곱 번째, 구약의 모든 길은 예수 그리스도로 통하게 하라

하나님은 범죄한 아담에게 단을 쌓아 피의 제사를 드리게 한 것으로부터 시작하여 당신의 독생자 예수께서 십자가 위에서 모든 피를 쏟아내는 십자가의 제사를 드리게 하심으로 첫 아담은 인간에게 죽음을 주었지만 둘째 아담으로 오신 예수 그리스도로 말미암아 생명을 갖게 하는 계획을 세우셨다. 그러므로 모든 길은 예수 그리스도에게로 통하게 하셨다.

예루살렘 성전의 터를 마련하기 위하여 멜기세덱을 세우시고 예수 그리스도를 멜기세덱의 반차를 좇는 제사장이 되게 하셨고(히 7:18) 성전은 하나님의 임재를 상징하는 하나님의 집으로 예수 그리스도의 몸을 예표하는 오늘날의 교회를 거쳐 새 예루살렘 성전을 이루게 하셨다. 성전은 하나님의 집이요 예수님은 하나님 나라의 영원한 제사장이 되는 것이다.

하나님은 이스라엘이라는 국가를 세우셔서 이스라엘 백성의 신앙의 자유를 지키게 하셨다. 구약의 하나님 나라 백성 이스라엘은 앞으로 올 예수가 다스리실 천국 백성을 예표하고 있다.

성전의 제사를 집전하는 구약의 제사장은 하나님과 백성을 연결하는 중보자의 역할을 감당했다. 하지만 예수님이 대제사장으로서 친히 십자가의 희생제사로 완전한 속죄를 이루신 후로는 믿는 자에게는 더 이상 인간 제사장이 필요없게 되었을 뿐만 아니라 성전으로 오신 예수님 이후로는 예루살렘 성전은 A.D. 70년 로마 장군 티터스(Titus)에 의해 무너지고 택하신 족속이요 왕 같은 제사장이 된 하나님의 아들들이 성령의 전이 되어 눈에 보이지 않는 교회를 이루었다.

하나님이 인류를 구원할 구속사의 시작과 끝은 예수 그리스도로 통한다. 그리고 하나님의 구속사는 교회를 통하여 펼쳐져 나간다. 이것이 교회가 세상 가운데 세워진 이유다.

"하나님이 세상을 이처럼 사랑하사 독생자를 주셨으니 이는 그를 믿는 자마다 멸망치 않고 영생을 얻게 하려 하심이니라"(요 3:16).

02

하나님이 약속하신 젖과 꿀이 흐르는 가나안 땅

02 하나님이 약속하신 젖과 꿀이 흐르는 가나안 땅

"내가 내려와서 그들을 애굽인의 손에서 건져 내고 그들을 그 땅에서 인도하여 아름답고 광대한 땅, 젖과 꿀이 흐르는 땅 곧 가나안 족속, 헷 족속, 아모리 족속, 브리스 족속, 히위 족속, 여부스 족속의 지방에 이르려 하노라"(출 3:8).

아브라함에 의해 마련된 민족 공동체를 여호와의 신앙 공동체로 승격시키기 위해 하나님에 의해 특별한 제사장으로 세워진 모세는 인생의 시작부터 색다른 배경으로 시작된다. 히브리인으로 태어나 물길따라 애굽으로 피난하여 바로 왕의 공주에 의해 "강에서 건져진 아이"라는 뜻의 이름을 받고 공주의 아들로 성장하지만 모세의 정신과 신앙을 히브리인으로 키운 사람은 보모로 취직된 모세의 친어머니 요게벳이었다. 이는 하나님의 섭리요 지혜였다.

세월이 흘러 차츰 요셉을 알지 못하는 애굽의 왕들이 나와 히브리인들의 인구 급성장을 우려한 나머지 이들을 애굽의 노예로 삼아 국고성 비돔과 라암셋 성을 짓는 부역군으로 삼고 만다. 사는 모습은 애굽의 궁궐에서 왕자로 살고 있지만 정신적으로 히브리인임을 뼈에 새기며 살고 있던 모세는 자신의 동족인 히브리인들이 노역으로 핍박받고 있는 상황을 간과할 수 없었다. 40세가 되자 자신의 정체성에 갈등을 겪게 되고 마침 노역으로 핍박받고 있는 히브리 형제들을 도와주다 애굽 병사를 살해하게 되자 이를 신고할까 두려워 광야로 도망치게 되는 인생의 터닝 포인트를 맞이하게 된다.

졸지에 최상위 신분인 애굽 왕자의 신분에서 천민 집단의 히브리 노예로 그것도 도망자로 신분이 탈바꿈된 모세는 광야를 방황하다 후에 장인이 되는 미디안의 족장 이드로 집에서 보리 서 말만 있어도 안 한다는 처가살이를 하게 되는 신세로 전락하고 만다. 처가살이는 하나님의 소명자들의 단골 메뉴다. 야곱이 외삼촌 라반의 집에서 20년간 처가살이를 했고 다윗도 사울 왕 밑에서 처가살이를 하였다. 바울 사도가 결혼을 하지 않은 이유가 혹시 하나님이 처가살이를 시키지나 않을까 우려했는지도 모르겠다. 어쨌든 동서고금을 막론하고 처가살이는 인생의 최악의 상태를 나타내는 성경의 단골 메뉴가 되고 말았다.

이런 인생의 밑바닥 맛을 만끽하고 있던 모세를 불러내어 하나님은 혈연 공동체에 머물고 있던 이스라엘을 신앙 공동체로 만들기 위한 시동을 걸기 시작하신다. 우선 소명을 주시기 위해 모세를 호렙산으로 불러서 가시떨기 나무에 붙은 불로 임재하신 하나님은 모세에게 이스라엘 백성을 이끌어 내서 하나님이 약속하신 가나안 땅으로 인도할 것을 명령하실 때 처음으로 가나안 땅을 "젖과 꿀이 흐르는 땅"이라고 표현하셨다. 왜? 하나님은 아브라함과 이삭과 야곱에게는 약속의 땅으로 표현하신 가나안 땅을 그동안 표현하지 않으셨던 '젖과 꿀이 흐르는 땅'이라고 말씀하셨을까?

그 해답을 얻기 위해서는 이스라엘 백성들은 오로지 하나님의 부르심에 갈 바를 알지 못하고 갈대아 우르를 떠나 유프라데스 강을 건너 하란에 이르고 신앙의 자유를 찾아 하란에서 가나안 땅에 이르게 된 아브라함의 후손이지만 이들이 그 당시 중동 지방을 휩쓸어 버린 혹독한 가뭄을 피해 애굽 땅에 들어간 시 430여 년이 지난 후 이들이 그들의 조상 아브라함과 이삭과 야곱이 소유했던 자유를 잃어버리고 애굽의 노예로 전락한 상황을 주목해야 한다. 이스라엘 민족은 자유인으로 애굽에 들어 갔다가 노예로 전락하고 말았다. 우리는 여기서 어떤 교훈을 얻어야 할까?

마중물, 아브라함

한국 말에 마중물이라는 예쁜 단어가 있다. 마중물은 펌프로 땅속 지하의 물을 끌어 올리기 위해서 없어서는 안 되는 귀중한 물이다. 펌프는 물이 올라와 있을 때에는 계속해서 물을 퍼올릴 수 있어도 한번 물이 밑으로 내려가 버리고 말면 마중물이 없이는 물을 끌어 올릴 수가 없다. 그래서 펌프 옆에는 반드시 마중물을 마련해 놓고 다음 사람이 물이 필요할 때 이 마중물을 사용하여 새 물을 퍼올릴수 있도록 한다. 만약 누군가가 갈증으로 죽을 지경에 이르러 마중물을 펌프에 넣지 않고 그냥 마셔 버린다면 다시는 펌프로 새로운 물을 끌어 올릴 수가 없다.

하나님은 히브리 민족 공동체를 위해, 그리고 이스라엘이라는 신앙 공동체를 만들기 위해 아브라함을 마중물로 사용하셨다. 아브라함 없이는 이스라엘 신앙 공동체가 만들어질 수 없기 때문에 아브라함은 이스라엘을 위한 소명자요 마중물이다. 아브라함이 이스라엘의 복이 된 이유가 바로 여기에 있다.

백성과 국민

국가는 국민들을 노예 백성으로 만들 수도 있고, 자유 시민으로 만들 수도 있다. 국가의 주권이 왕에게 있고 백성은 왕의 노예인 상태가 왕정 국가이고 국가의 권력이 국민 개개인에게 있는 국가가 자유 민주주의 국가이다. 이 당시의 애굽 왕은 곧 신의 현현이다. 신이 죽음을 맞이하지 않게 하기 위해 미라로 만들어 언젠가는 다시 인간으로 환생할 것을 믿고 있던 때이다. 근대 국가의 개념은 국민과 국가는 약속에 의해 계약 관계로 맺어진다. 이는 마치 하나님이 아브라함을 통해 민족과 나라를 만들어 이들을 하나님의 계약 백성을 삼는 것같이 지금도 하나님을 믿는 사람은 하나님과의 언약의 백성이다.

그러나 고대 국가에서는 왕이 곧 국가요 법이었다. 그러므로 왕이 나라를 열고 백성을 만들었기 때문에 백성은 왕에게 운명적으로 절대 복종하고 충성해야 한다. 왕이 나라를 세우면 그 나라에 사는 모든 사람은 필연적으로 왕의 신하가 되며 노예가 된다. 인간사에 왕이 세워지면 백성은 왕의 노예가 되어야 함을 아신 하나님은 이미 신명기 17장에서 이스라엘 백성이 가나안 땅에 들어가면 반드시 다른 나라들처럼 왕정 제도를 요구할 것을 아시고 미리 조건을 붙이신다. 그리고 실제로 이스라엘이 가나안을 정복하고 마지막 사사인 사무엘 선지자가 늙자 이스라엘 백성이 사무엘에게 왕을 요구한다. 이때 사무엘은 이스라엘 백성들에게 분명히 물었다(삼상 8:10-18). "너희가 그의 종이 될 것이라." 그래도 이스라엘 백성은 왕을 요구한다. 아브라함이 신앙의 자유를 찾아 갈대아 우르와 하란을 떠나 하나님이 지시하는 자유의 땅으로 갔지만 불행하게도 인간은 하나님이 부여하신 자유를 깨닫기까지는 3천여 년의 긴 세월 속에서 독립된 개인이 살아나고 개인의 인권이 싹트기 시작하는 근대 국가가 세워지기까지 절대 권력자인 왕의 지배를 받는 노예로 살게 된다.

결국 자유인으로 애굽에 들어갔던 이스라엘 백성은 그들을 인정하지 않는 애굽 왕 바로에 의해 노예로 전락하고 만다. 아무리 자유를 맘껏 누리는 자유인이라 할지라도 권력 앞에 굴복하고 나면 노예가 되고 이 노예의 삶이 몸에 배면 노예근성이 몸에 배어 자신이 노예인지도 모르고 살게 된다. 마치 대양에서 자유롭게 뛰어 노는 어린 치어를 산 채로 잡아 가두리 어장에서 키우면 야성을 잃고 어장이 세상의 전부인 줄 알고 주인이 던져주는 사료만 바라보며 사는 순한 물고기와 같아져서 횟집의 어항에 넣어도 바둥대지 않고 오래 살게 되는 어항 속의 노예 물고기와 같은 것이다.

여기에 하나님이 이스라엘을 위하여 민족을 이루게 하고 나라를 세우게 하려는 의도가 있다. 나라는 신앙을 지켜주는 울타리가 되기 때문이다. 나라가 없으면 신앙의 전통을 지킬 수가 없다. 국가는 개인의 신앙의 자유를 지켜주기도 하지만 국가의 권력으로 개인의 신앙을 말살시킬 수도 있다. 그러므로 올바른 신앙인은 자신의 신앙의 자유를 지켜주는 국가를 사랑하고 애국해야 한다. 그러나 국가가 각 개인의 신앙의 자유를 훼손할 때는 이에 과감히 맞서 싸워 신앙의 자유를 지켜낼 수 있어야 한다. 국가 이전에 개인의 자유가 소중하기 때문이다.

현재도 독재 전체주의 국가에서는 백성에게 포퓰리즘이라

는 마약을 먹여 권력자가 왕이 되어 국민을 노예화하여 장기 집권을 획책하는데도 백성은 독재자가 던져주는 복지라는 달콤한 언어적 유희의 노리개감이 되고 만다. 실제로 전체주의 사고 집단인 북한은 김일성 때부터 인민들에게 하루 필요한 식량의 70%만 공급하여 배고픈 인민들이 권력자의 입만 쳐다보게 만드는 우민화 정책을 써왔다. 남미의 베네수엘라나 아르헨티나 같은 경우, 나라야 어찌되든 정부가 내 냉장고만 가득 채워주면 계속해서 정권을 위해 충성하는 어리석은 백성이 될 수 있다고 한다. 중국의 시진핑의 공산당 정권도 권력을 장악하자마자 시황제가 되고자 시도하다가 현재의 어려움을 겪고 있다.

노예근성

이스라엘의 노예근성을 보여주는 대표적인 예가 자신을 도와주는 사람을 모함하고 동족끼리 조그마한 이익을 놓고 서로 다투는 모습이다. 이는 모세가 바로 궁전을 도망쳐 광야로 피하는 계기가 된다. 모세가 장성하여 자기 형제들의 고역함을 보고 마음 아파하고 있을 때 애굽 사람이 자기 형제를 치는 것을 보고 울분에 싸여 그 애굽 사람을 쳐죽여 모래에 감추었다. 이튿날 다시 나가니 이번에는 히브리 형제들끼리 서로 싸우는 것을 보고 그들을 중재하려 하자 누가 너를 우리의 법관으로 세웠느냐고 대들면서 어제 죽인 애굽 사람처럼 우리도 죽이려느냐고 따지고 든다. 이에 모세는 자기가 한 일이 들통나자 바로의 눈을 피해 미디안 광야로 피신한다.

이 사건은 이스라엘의 노예근성의 대표적 행태를 상징적으로 보여주는 장면이다. 남의 잘못을 피헤쳐 고자질하고 형제끼리 서로 이해하지 못하고 싸우는 모습이야말로 노예근성에 찌든 대표적 사례다. 이는 마치 미국의 한인 이민 초기 이민자들이 인삼을 팔기 위해 서로 약정한 가격보다 싸게 팔거나 협정 지역을 벗어나 서로 손해를 보고 이를 이유로 길거리에서 상투를 잡고 싸우는 모습에 지나던 미국인들이 재미있어 하는 광경을 목격한 안창호 선생이 느낀 심정과 모세의 느낌이 같았을 것이다.

더구나 그 당시 가나안 족속들의 문명은 이스라엘에 비하여 한 세대 앞서가는 선진 문명을 가지고 있었다. 모세가 이스라엘 백성을 이끌고 광야로 나와 시내산에서 성막 제작을 위한 재료를 소개 받을 때 철기에 대한 재료는 한 마디도 없고 모두 청동기로 제작된 제기를 만들라고 명령하셨다. 이런 연유로 보면 가나안 족속들은 이미 청동기 문명에서 철기 문명(삿 1:19)으로 갈아입은 선진 문명 속에서 살고 있었고 이스라엘 백성은 애굽의 노예로 고된 노역으로 자유도 없이 매일 노역에 시달리며 고통의 멍에를 메고 살고 있었다.

과연 이스라엘 백성들을 노예 생활에 찌든 삶을 탈출하여 더 나은 삶을 영위할 수 있는 선진국인 가나안 땅으로 이끌어 갈 수 있는 명분과 동기 부여(motivation)가 무엇이며 이런 백성들에게 어떤 말을 해야 하나님의 약속의 땅을 설명할 수 있을까? 이 해답을 하나님이 주신 것이다. 바로 "젖과 꿀이 흐르는 땅"이라는 희망과 기대감이다. 이 표현 없이 약속의 땅, 가나안 땅이라고만 했다면 과연 이스라엘 백성들이 모세를 쉽게 따라 나설 수 있었을까? 이는 현재도 아프리카나 중동의 가난한 이민자들이 "아메리칸 드림"이라는 꿈을 안고 미국으로 이민오려는 소망과 같은 것이다.

야생의 물오리 종류나 원앙새, 기러기 종류의 새들은 천적을 피하여 둥지를 틀 때 호수나 강 근처의 높은 나무에 굴을 파거나 아니면 천적이 접근할 수 없는 높은 절벽 끝에 둥지를 짓고 알을 부화시킨다. 마지막 알이 부화되기를 기다려 어미새는 새끼들을 둥지에서 불러낸다. 그리고 새끼들이 보는 앞에서 어미새는 둥지에서 뛰어 내리는 시늉을 하면서 새끼들을 불러낸다. 이제 막 털이 보송보송 마른 새끼들은 처음에는 망설이다가 어미가 계속해서 부르는 소리에 용기있는 한 녀석이 수십 미터 아래로 몸을 날려 뛰어 내린다. 결국 날개도 없는 새끼들은 한 마리도 남김 없이 모두 둥지를 버리고 새로운 삶이 기다리는 물가로 가게 되는 것이다. 이때 어미는 끊임없이 새끼들을 향해 울음으로 사랑의 신호를 보낸다. 아마 이때 어미새가 보내는 울음의 신호가 바로 하나님이 이스라엘을 향해 보내시는 생명과 자유로 나아가게 하는 사랑의 신호 "젖과 꿀이 흐르는 땅"인 것이다.

성경학자요 랍비인 모쉐 데이빗 카수토(Moshe David Cassuto)는 젖과 꿀이 흐르는 땅이란 광야에 살았던 유목민들이 가나안 땅을 가리켜 처음 사용한 표현이었다고 말한다. 그 의미는 목축을 통해서는 젖을, 그리고 농업을 통한 각종 나무로부터 벌의 꿀처럼 많은 실과를 거둘 수 있는 배경에서 이해하였다. 그러나 시간이 지남에 따라 그 의미는 확대되어 각종 실과를 풍성하게 소출하는 가나안 땅을 포괄적으로 사용하게 된 경우라고 주장한다.

창세기와 출애굽기의 저명한 유대 학자인 나훔 마타티아스 사르나(Nahum Mattathias Sarna)는 젖과 꿀이 흐르는 표현을 '가나안에 대한 부정적인 시각을 조심스럽게 해소하기 위해 사용된 표현'으로 이해하였다. 이 표현은 히브리 민족이 이집트에서 노예 생활을 할 때 하나님께서 모세를 보내시면서 말씀하신 약속의 땅에 대해 성경에 처음으로 언급되었다. "내가 내려와서 그들을 애굽인의 손에서 건져 내고 그들을 그 땅에서 인도하여 아름답고 광대한 땅, 젖과 꿀이 흐르는 땅 곧 가나안 족속, 헷 족속, 아모리 족속, 브리스 족속, 히위 족속, 여부스 족속의 지방에 이르려 하노라."(출 3:8) 당시 아브라함의 후손들이 생활했던 나일강 삼각주 지역은 흉년을 피한 이주민들이 정착하기에 적합한 지역이었다.

독일 학자인 벤징거(Benzinger)는 젖과 꿀이 흐르는 땅을 '그리스의 신화적인 배경에서 신들의 음식인 젖과 꿀의 땅'으로 해석하였다. 벤징거는 이스라엘 백성에게는 가나안이 삶의 현실임에도 이 땅을 신화적 신들의 땅으로 이해했다.

그레즈만은 이 표현은 '가나안을 낙원으로 이해한 상태에서 바벨론의 신화적인 요소가 반영된 것'이라 하였다. 그러면서 그레즈만은 요엘 3:18과 아모스 9:13에 근거하여 이것은 선지자들의 종말론적인 표현이라고 주장했다.

하우트만(Houtman)은 젖과 꿀이 흐르는 땅을 욥기 20:17에 근거하여 시적 표현으로 비롯된 과장법으로서, 젖과 꿀이란 가나안의 대표적인 농산물로 이해하였다. 그래서 이 표현은 광야에서 40년을 생활했던 고대 이스라엘 사람들의 시각에서 이해되어야 한다고 주장하였다.

성경의 역사 지리학자인 데니스 발리(Denis Baly)는 이 표현을 광야에서 생활하던 사람들의 시각에서 비롯된 것으로 '가나안 땅이 꼭 비옥하다는 의미가 아닌 광야에 비하여 상대적으로 괜찮은 땅'이란 표현으로 이해하였다. 민수기 16:13-14는 이렇게 기록하고 있다. "네가 우리를 젖과 꿀이 흐르는 땅에서 이끌어 내어 광야에서 죽이려 함이 어찌 작은 일이기에 오히려 스스로 우리 위에 왕이 되려 하느냐? 이뿐 아니라 네가 우리를 젖과 꿀이 흐르는 땅으로 인도하여 들이지도 아니하고 밭과 포도원도 우리에게 기업으로 주지 아니하니 네가 이 사람들의 눈을 빼려느냐? 우리는 올라가지 아니하겠노라."

이렇듯 '젖과 꿀이 흐르는 땅'이란 표현에 대해 학자들마다 다양한 주장들이 제기되었다. 그러나 많은 주석가들이 간과한 것은 그 당시 이스라엘은 일반 백성들처럼 자유로운 의식을 하는 사람들이 아닌 노예의 삶에 찌들어 하루하루를 연명해갈 뿐만 아니라 희망도 소망도 없는 캄캄한 절벽 위를 걷고 있으면서도 자신들의 처지를 깨닫지 못하는, 그리고 먹을 것만 배불리 주면 만족해 하는 그런 삶에 안주해 버린 노예의 처지였다는 사실이다.

하나님의 숙제

원래 이들이 살았던 이집트의 고센 땅은 헤브론 남서쪽 약 19.2km 떨어진 곳으로 나일강의 하류 삼각지에 속해 있으므로 비옥하고 풀이 많이 자라 목축을 하기에는 최적의 장소였다. 요셉이 처음 그의 가족을 만났을 때 목축을 생업으로 하던 식구들이 고센 땅에 거주할 수 있도록 바로 왕의 특별 허락을 받았고 또한 왕의 목축지를 관리하는 일도 맡을 정도로 풍요로운 지역이었다. 그래서 이들은 이곳에서 430년을 살았다. 비록 세월이 흘러 요셉을 알지 못하는 왕들이 나와 이스라엘 백성을 국고성 비돔과 라암셋 성을 쌓는 노예로 삼기 전까지는 이들은 이곳에서 고향을 잊을 정도로 풍요롭고 넉넉한 삶을 살았다.

지금은 노예의 삶을 살고 있지만 전에는 풍요로운 땅에서 맘껏 먹고 마시던 이들에게 고향과도 같은 이 땅을 버리고 400여 년 전에 그것도 자기들의 조상에게 해줬다는 약속만을 믿고 알지도 못하는 미지의 땅으로 이주해야 한다는 말을 믿고 선뜻 따라 나서기란 결코 쉽지 않았을 것이다.

자신들의 정체성을 잃고 애굽의 삶에 안주해버리고 만 이스라엘 백성을 어떻게 깨울것인가? 이것이 하나님이 긴박하게 풀어야 할 숙제였다.

이 난제를 풀 수 있는 방법이 바로 왕을 통해 이스라엘 백성을 자신들이 누구인지를 깨닫게 하는 것이다. 하나님은 이들에게 노예처럼 고통을 주는 충격 요법을 사용하신 것이다. 하나님은 자신의 일꾼이 사명감을 잃고 편안함에 취해 잠자려 할 때 이런 사람을 깨우시는데 이런 해결 방법은 성경 여러 곳에서 나타난다. 일례로 야곱이 평생의 숙제로 품고 있던 형 에서와 화해의 문제를 해결한 후 숙곳에 제단(엘엘로헤이스라엘)을 쌓고 안주하려들자 야곱의 딸 디나가 강간 당하는 사건을 통해 루스 땅 벧엘로 불러들이는 장면이나, 예루살렘의 성전 터를 준비하기 위해 다윗을 격동시켜 여부스 사람 아라우나의 타작 마당을 구입하게 한 것도 같은 방법이라 하겠다.

하나님은 400여 년의 긴 세월을 애굽에 살면서 애굽화되어가는 선민 이스라엘을 일깨우기 위해 바로 왕을 격동시켜 국고성 비돔과 라암셋 성을 쌓게 하여 이스라엘을 노예처럼 부리게 했다. 바로 왕은 이스라엘 백성을 노예화하여 "엄하고"(בְּפָרֶךְ - 출 1:13, 14), "괴롭게 했고"(מָרַר - 출 1:14), "가혹하게 했다"(קָשֶׁה; 잔인하다 - 출 1:14; 6:9). 하나님의 목적은 이스라엘 백성들이 인생의 "비참함"과 "고통"(출 3:7)과 "마음의 상함"(출 6:9) 가운데서 괴로워하며 자신들이 누구인지 자신의 존재감을 알도록 하는 것이었다.

그런 후 하나님은 이스라엘 백성에게 애굽의 고센 땅보다 더 좋은 "젖과 꿀이 흐르는 약속의 땅"을 주셨다. 하나님은 자기 백성이 풍성한 삶을 누리길 원하신다. "내가 아브라함과 이삭과 야곱에게 주기로 맹세한 땅으로 너희를 인도하고 그 땅을 너희에게 주어 기업을 삼게 하리라"(출 6:8). 하나님은 아브라함에게 가나안 땅을 주겠다고 약속하셨는데, 이 "땅"은 우리가 사용하는 현실 국가의 '영토' 개념뿐만 아니라 이 세상에서 고통받는 이를 위한 하나님 나라를 준비하는 '약속과 예비의 땅'이라는 의미도 있다.

우리가 보통 "젖과 꿀이 흐르는" 곳으로 긍정적으로 묘사하는 그 땅은, 하나님이 당신의 백성을 불러들이기 위한 하나님의 약속과 부르심이라는 사실을 잊어서는 안 된다. 쉽게 말해 가기 싫어하는 당신의 자녀를 설득하기 위해 사용하는 단어인 것 같지만 사실 그 속에는 어미 새가 갓 부화한 새끼들을 수십 미터 낭떠러지로 불러내는 생명의 급박함과 처절함이 담겨

02 하나님이 약속하신 젖과 꿀이 흐르는 가나안 땅

있는 사랑의 부르짖음이라는 사실을 알아야 한다.

젖은 생명, 꿀은 자유 상징

또한 성경에서 말하는 "젖과 꿀이 흐르는 땅"에서 "젖"은 생명을 의미하는 말이고 "꿀"은 자유를 상징하는 단어라고 볼 수 있다. 어미에게서 갓 태어난 새끼에게 있어서 "젖"은 곧 생명이요 성장, 생명을 주기 위한 모성애 그 자체인 것이다. 그리고 "꿀"은 벌들이 만드는 일종의 양식인데 꿀벌들은 집단 사회를 형성하여 각각이 맡은 일을 하면서 철저히 자기가 맡은 일에 충성하며 생활하는 습성이 있다. 일벌이 먹이가 있는 꽃밭을 발견하면 팔(8)자 모양의 춤으로 동료들에게 위치와 거리를 알려주어서 함께 공유할 만큼 공동체 의식이 강하지만 철저히 자신의 역할에 충실한 책임있는 곤충이다. 보통 여왕벌과 수벌, 일벌로 역할을 나누어 생활한다. 여왕벌은 수벌과의 번식을 통해 대를 잇는데, 할 일이 끝난 수벌은 공동체 유지를 위해 무리에서 추방당하거나 살해당한다. 여왕벌이 알을 낳아서 애벌레가 부화하면 일벌은 여왕벌이 될 벌에게만 로열 젤리를 먹여서 다음 대를 준비하며, 만약 여왕벌이 두 마리이거나 식구가 너무 많은 경우에는 분봉(分蜂)이라고 하여 독립을 한다. 이는 권력 투쟁을 위해서 분열을 하게 되면, 공멸을 하게 되기 때문인 것으로 추정되는데, 꿀벌은 민주적 절차로 새 집을 선택한다.

일벌은 철저히 자기 역할을 감당하는데 꿀을 생산하기 위하여 꽃을 찾아 다니며, 새끼를 키우기 위해 육각형으로 된 집을 짓고, 꿀을 빼앗아 먹기 위해 달려드는 다른 적들의 습격을 죽음을 무릅쓰고 막아낸다. 결국 꿀은 각자에게 주어진 역할에 충실하여 여러 역할이 하나로 결집된 자유정신의 결과물 곧 아버지의 사랑이라고 볼 수 있다. 자유정신은 독립된 개인에게 주어진 역할을 충실하게 이행할 때 나타나는 고도화된 정신의 산물로서 자유 시장 경제와 민주주의를 만드는 기본 정신이다.

하나님이 이스라엘 백성에게 약속한 가나안 땅은 젖과 꿀, 곧 생명과 자유가 흐르는 땅으로 이는 곧 사탄의 거짓과 죽음의 세상에서 생명과 자유가 넘치는 천국을 의미하는 약속의 땅을 상징하는 단어로 사용하신 것이다.

하나님은 당신의 자녀를 천국으로 이끌기 위해 때로는 사랑의 매 회초리로, 때로는 당근으로 당신의 모든 수단을 다 동원하여 이끌고 계신다는 사실에 우리는 그저 감사의 무릎을 꿇을 수밖에 없다.

03

하나님이 자유를 위하여 이스라엘 국가를 세움

03 하나님이 자유를 위하여 이스라엘 국가를 세움

하나님의 원대한 구속사의 계획은 각 개인에게 자유에 이르게 하는 여호와 신앙을 지킬 수 있도록 아브라함을 택하여 히브리 민족 공동체를 이루게 하고 이들로 이스라엘이라는 신앙 공동체 국가를 만들어 하나님이 부여하시는 자유의 정신으로 살아가는 천국의 모델을 이 땅에 세우시기를 원하셨다. 그러나 인간의 범죄로 하나님 말씀을 잊은 불순종의 세상은 힘의 논리에 따라 움직이는 약육강식의 정글 세상으로 변하고 말았다. 힘을 가진 자는 약자를 굴복시켜 자신의 노예로 삼고 자신의 힘을 과시하기 위하여 기념비를 세우거나 경계선을 긋고 영역을 정하여 자신의 힘의 영역을 정하고 화려한 궁전이나 전쟁을 빙자한 성을 건축하여 자신의 권력을 자랑하고 백성들에게 권력 앞에 무릎 꿇게 만든다. 그것의 대표적인 예가 인간의 힘과 권력을 과시하기 위한 바벨탑 사건이다.

세월이 흐르자 하나님의 홍수로 심판을 두 눈으로 목도한 노아의 후손들조차도 믿음이 점점 식어 다시 죄악된 세상으로 변해가고 있었다. 성경에 나오는 연대에 의하면 아브라함의 나이가 약 60세가 될 때까지 노아가 살아 있었다. 하나님의 뜻은 사람들이 온 세계로 편만하게 퍼져 나가 하나님을 찬양하는 소리가 땅끝까지 울려 퍼져 하나님께 영광을 돌리는 것이었다. 그러나 노아의 후손들은 하나님의 뜻을 거스르고 흩어짐을 면하기 위하여 높은 탑을 쌓아서 하늘에 닿게 하고 자기들의 이름을 내고 흩어지지 않겠다는 반항의 결단을 한다.

그때에 니므롯이란 사람이 있었는데 이 사람이 하나님의 말씀을 순종하지 않을 뿐 아니라 백성들을 선동하여 하나님을 대적하기 위하여 바벨탑을 쌓게 했다. 이런 이야기는 성경에 나오지 않지만 유대인들의 지혜서인 백과사전에는 바벨탑 사건을 이렇게 기록하고 있다. 바벨탑을 쌓는 행위 자체가 하나님의 언약을 믿지 않는 불순종의 상징이며, 노아에게 주신 무지개 언약을 믿지 않겠다는 불신앙의 증거인 것이다.

하나님은 바벨탑을 쌓던 사람들의 언어를 혼잡하게 하여 불완전한 인간이 힘을 하나로 뭉쳐 권력이라는 몽둥이를 휘두르는 것을 막기 위하여 이들을 흩으셨고 그들이 같은 언어로 소통하여 더 큰 권력으로 뭉치는 것을 막기 위해 언어를 혼잡하게 하셨다.

지금도 마찬가지다. 불완전한 인간이 권력이라는 힘을 가지면 하나님이 부여한 인간의 본연의 권리인 개인의 자유를 빼앗고 개인을 집단화 및 군중화하여 권력의 도구로 악용하게 된다. 그러므로 민주주의의 가장 기본은 각각에게 주어진 권력을 분산할 줄 아는 자제력이 필요한 것이다. 이 분산이 서로의 힘을 견제해 줌으로 힘의 분배가 일어나 개인의 자유가 살아나게 한다.

바벨탑 사건으로 인해 오늘날 지구상에 존재하는 언어는 대략 7,000가지로 분화하였고 같은 언어를 사용하는 사람들이 언어 공동체로 존재하게 되었다. 이로 인해 현재 성경은 약 1,600가지 언어로 번역이 되어 있다. 권력과 돈은 쌓이면 쌓일수록 쉽게 부패하기 때문에 불완전한 인간은 이 권력과 돈으로 타락의 길로 떨어진 사건의 연속이 인간사의 흑역사가 되었다.

하나님의 계획에 의하여 노아 홍수 후에 셈과 함과 야벳의 자손들에게서 천하 만국 백성으로 나누어졌는데 셈은 남쪽 지역인 메소포타미아 지역으로 내려가 엘람, 앗수르, 아르박삿, 룻, 아람을 낳았고 엘람은 이란이 되었고, 앗수르는 앗수르, 아르박삿은 아브라함의 후손이며, 아람은 시리아, 룻은 루디아가 되었다. 노아로부터 셈-아르박산-에벨-벨렉-르우-스룩-나홀-데라-아브라함의 계보를 만들었다.

또 노아의 둘째 아들 함으로부터 구스, 미스라임(이집트), 붓, 가나안 민족이 나오는데 가나안 족은 여부스, 아모리, 기르가스, 히위, 알가, 신, 아르왓, 스말, 하맛 족속이 나온다. 이들은 주로 서남쪽으로 이동하여 이집트, 팔레스타인, 북아프리카

지역으로 퍼져나갔다. 그리고 구스로부터 니므롯이 나와 셈족 지역을 지배하여 바벨탑을 쌓았다가 무너지는 죄악을 통해 언어가 혼잡하게 되었다. 인류가 어떻게 언어를 중심으로 종족을 이루어 세상으로 흩어졌는지에 대해서는 세상 어떤 책에도 나오지 않지만 오직 성경에만 기록되어 있는 역사이므로 인류사에 아주 소중한 기록이다.

노아의 막내인 야벳의 후손은 고멜, 마곡, 마대, 야완, 두발, 메섹, 디라스인데 이들은 아라랏 산의 북쪽과 동쪽으로 이동하여 인도와 유럽의 조상이 되었다.

하나님에게 불순종한 세상이 점점 확장되고 오로지 하나님의 뜻을 전하던 노아마저 죽자 이 세상은 다시 홍수 이전의 어둠의 세상으로 변해가고 있었다. 불완전한 인간은 본능적으로 자신의 생명을 지키기 위해 강자 앞에 하나로 뭉치려는 습성이 있다. 이렇게 개인의 이성에 따르지 않고 육체적 본능에 따라 모인 집단을 군중이라고 부른다.

작은 물고기들이 포식자에게 먹히지 않기 위해 큰 무리를 만들어 형체가 크게 보이게 하여 생명을 보전하려는 습성과도 같다. 이렇게 작은 물고기가 떼를 이루어 크게 보이려는 것을 영어로 school이라고 한다. 어린 생명들이 함께 모여 있는 것으로부터 학교라는 단어의 어원이 되었다.

세상은 불순종의 자식들이 자기의 힘을 과시하며 서로의 세력을 넓혀 결국은 씨족이 부족이 되고 부족이 모여 다시 인간이 힘을 모아 권력으로 무장하는 세상이 되어 차츰 부족 사회가 국가화되어 가자 하나님은 이 세상에 당신의 뜻을 지키고 전할 사람, 아브라함을 불러내셨다.

아브라함을 택하신 목적

"여호와께서 아브람에게 이르시되 너는 너의 본토 친척 아비 집을 떠나 내가 네게 지시할 땅으로 가라 내가 너로 큰 민족을 이루고 네게 복을 주어 네 이름을 창대케 하리니 너는 복의 근원이 될지라"(창 12:1, 2).

바벨탑의 사람들은 자신의 이름을 내기 위하여 하나님과 대적하였다. 그러나 하나님은 분명히 약속하신다. 아브라함의 이름을 창대케 해 주신다고…. 오늘날 자신의 이름을 내기 위하여 교회를 이용하는 자들은 또 다른 바벨탑을 쌓는 사람들이기에 하나님의 심판이 있을 것이다. 사람의 이름은 하나님이 높여주셔야 고귀해질 수 있다.

결국 국가는 권력을 잡은 자가 백성을 노예화하여 자신의 힘을 과시하기 위하여 세워지거나 힘없는 개인이 각각의 인권을 지키기 위하여 국가를 세워 자신의 생명과 자유와 재산을 지키기 위하여 세워지든가 큰 틀에서 보면 두 가지의 국가 형태가 나타난다. 전자는 왕정 국가에서 시작하여 독재주의적 전체 국가가 되고 후자는 개인의 인권을 바탕으로 하는 자유 민주주의 국가로 발전한다.

그러나 민주주의는 다수결의 원칙을 마법삼아 개인이 깨어있지 않으면 언제든지 민주주의라는 탈을 쓰고 다수의 권력 앞에 길들여진 언론과 손잡고 민중(인민) 민주주의 체제로 회귀될 수 있다. 그러므로 자유 민주주의는 우리의 믿음처럼 깨어지기 쉬운 질그릇과 같아서 고도화된 절제력으로 균형과 견제가 이루어질 때 실행 가능한 국가 운영 정치 제도이다.

하나님은 아브라함을 부르실 때 그가 사는 지역이 낙후되고 미개 지역이라 아브라함을 더 좋은 문명화된 세계로 인도하기 위하여 부르신 것이 아니다. 당시 갈대아 우르는 가장 발달된 문명의 지역이었다. 아브라함의 고향인 갈대아 우르는 인류 최초의 문명인 수메르 문명이 꽃핀 지역이다. 수메르 문명은 약 B.C. 3500년경 사람들이 만든 문명으로 이집트, 인더스, 그리고 그리스 문명에 큰 영향을 준 문명으로 현대의 유럽 문화의 기반이 되는 곳이다.

참고로 수메르 문명에 영향을 받은 당시의 페니키아(성경에는 시돈과 두로로 나옴)에서 현재의 영어 알파벳의 기원이 나왔고 페니키아 공주 Europa(에우로파)가 해변에서 수영을 하고 있을 때 그리스 신중의 신 바람둥이 제우스가 이 여인에게 반하여 황소로 변하여 공주를 납치하여 자기 등에 태우고 Crete 섬으로 데리고 왔다는 설화에서부터 오늘날의 Europe(유럽)이란 말의 기원이 되었다. 이 황소를 숭배하는 사상이 바로 수메르 문명으로부터 왔기 때문에 오늘날의 유럽의 뿌리는 수메르 문명이라고 할 수 있다. 영어에서 ancient time이라고 말할 때의 시대가 바로 갈대아 우르의 수메르 시대를 의미한다. 창세기에 시날이라고 기록된 메소포타미아 남부 지역에 우루크, 우르, 니푸르, 라기사, 키시, 마리 등 성읍 국가들이 있었고 성경에 에렉이라고 기록된 우루크는 후에 우르가 되는데 아브라함의 조상이 살았던 갈대아 우르 지역이 바로 수메르 문명 지역이다.

이렇게 문명이 발달된 지역에서 미개지역인 가나안 땅으로 인도받는 아브라함의 부르심은 마치 미지의 땅 선교지로 떠나는 선교사의 사명이 아니고서는 감히 따를 수 없는 명령이었 다.

아브라함을 부르신 하나님의 궁극적 목표는 그의 후손을 통해 국가를 만드는 것인데 국가를 만들기 위해서는 제일 중요한 것이 국민이다. 한 국가의 국민을 만들기 위해서는 혈연 공동체를 통해 민족 공동체가 형성되는 단계를 거치게 된다. 민족으로 이루어진 국가가 신앙으로 하나가 되는 신앙 공동체가 되면 어두움의 죄악 세상에서 나와 하나님의 밝은 빛에서 믿음으로 창대케 되는 국가가 되어 그 국가를 통해 땅끝까지 하나님의 말씀을 전하게 하는 것이 아브라함을 통해 국가를 이루게 하는 것이었다.

하나님이 만드신 국가가 자유로운 신앙의 국가가 되면 만국이 그 나라를 흠모하고 하나님의 말씀을 따를 것이기 때문이다. 다시 말하면 여호와의 신앙을 지켜 하나님이 부여한 개인의 자유를 향유하는 자유인으로 만드는 것이다. 하나님은 아담과 하와에게 선악과를 통해 자유 의지를 허락하셨다. 그런데 인간은 이 자유 의지로 하나님의 말씀을 버리고 사탄의 달콤한 거짓에 속아 죄를 뒤집어 쓰게 되었다. 이후 세상은 거짓의 아비 사탄의 거짓 세상이 되었고 이 거짓 세상을 이기고 인간의 자유 의지를 통해 하나님의 말씀을 믿는 믿음으로 진리의 세계, 천국에 이르게 되는 것이 구속사의 의미다. 이것이 예수 그리스도가 오신 목적이요 이유이다. 곧 이것이 진리를 알지니 진리가 너희를 자유케 하리라는 말씀의 의미인 것이다.

아브라함을 택하여 이루실 하나님의 나라는 곧 진리를 깨닫고 하나님이 허락하신 자유로 세워지는 나라이다. 그러므로 믿음은 곧 자유로 행하는 도구이다. 자유로 세워지는 나라는 쉽게 세워지지 않는다. 개인 인권의 자유를 지키기 위한 땀과 눈물과 수고와 피를 먹고 자유 민주주의 국가는 세워지고 든든해져 간다. 자유는 결코 공짜가 아니다(Freedom is not free). 자유의 전당 교회가 순교자의 피값 위에 세워지듯 자유는 피나는 투쟁으로만 얻어지는 숭고한 가치인 것이다.

"아브라함은 강대한 나라가 되고 천하 만민은 그를 인하여 복을 받게 될 것이 아니냐 내가 그로 그 자식과 권속에게 명하여 여호와의 도를 지켜 의와 공도를 행하게 하려고 그를 택하였나니 이는 나 여호와가 아브라함에게 대하여 말한 일을 이루려 함이니라"(창 18:19).

하나님이 아브라함을 택하신 이유가 바로 여기에 있다. 그것은 아브라함을 통하여 큰 민족을 이루게 하고 그 민족은 강대한 나라가 되어서 하나님의 도를 지켜 의와 공도를 행하므로 융성하게 되었다는 사실을 온 세상에 알리고자 하는 것이다. 이것이 아브라함을 택하신 분명한 하나님의 목적이다. 아브라함이 아무리 강한 믿음의 소유자라 할지라도, 그리고 아무리 하나님의 공의로 세상을 살리고 노력한다 할지라도 소수의 힘, 개인으로 죄악으로 뭉친 전체를 이길 수는 없는 일이다. 하나님의 도를 저버린 무지막지한 세상의 힘은 홀로 서 있는 개인 아브라함을 삽시간에 무너뜨리고 만다.

때로는 선이 악을 용서하는 의미에서 관용(tolerance)으로 대하려 할지라도 사탄의 악은 절대로 선을 관용으로 대하지 않는다. 여기에 선의 딜레마가 있다. 이것을 피하기 위해서는 하나님이 아브라함을 강한 민족으로 만들어 어느 민족도 넘볼 수 없는 강대한 국가로 만들어야 하는 이유가 있는 것이다. 왜냐하면 세상사는 내가 세상에 사는 한, 나는 세상에 관심이 없다 할지라도 세상은 나에게 지대한 관심을 가지고 있기 때문에 내가 약하면 언제든지 세상은 나를 먹이로 삼아 희생시켜 자신의 목적을 달성하려 하기 때문이다. 하나님의 뜻을 전하기 위해서는 아브라함이 먼저 강해져야 한다.

러시아 공산화의 10월 혁명의 주역인 레프 트로츠키는 러시아 제국, 소비에트 연방의 볼셰비키 계열 정치인, 혁명가, 마르크스주의 이론가이다. 경력상으로는 10월 혁명의 주역이자, 붉은 군대의 창시자·지도자로서 소련 건설에 지대한 공적을 세웠다. 블라디미르 레닌의 후계자로 거론될 정도였지만, 이오시프 스탈린과의 권력 투쟁에서 패배해 소련 공산당에서 제명되고 자신이 건국한 나라에서 추방당하고 만다. 추방 이후 망명지를 옮겨 다니며 스탈린 체제를 비판하다 멕시코에서 스탈린이 보낸 암살자 하이메 라몬 메르카데르 델리오(Jaime Ramón Mercader del Río, 1913년 2월 7일 - 1978년 10월 18일)에 의해 피살됐다. 그런 트로츠키가 다음과 같이 말했다. "나는 전쟁에 관심이 없어도 전쟁은 나에게 지대한 관심이 있고 나는 정치에 관심이 없다 할지라도 정치는 나를 끊임없이 정치 속으로 끌고 들어가고 만다." 그렇기에 먼저 유비무환의 정신으로 적극적으로 선행하는 자세가 필요하다. 이것이 하나님이 아브라함에게 복을 주시고 그로 큰 민족을 이루어 강대한 나라가 되게 하시는 목적이다.

하나님이 하신 아브라함과의 이 약속은 천 년이 흐른 뒤 다윗을 통해 이스라엘 통일 국가가 완성되어 이루어진다. 그리고 하나님은 구약 시대에 이스라엘이라는 나라를 만들어 하나님이 택한 백성 곧 선민이라는 영적 이스라엘로 살게 하여 앞으로 다가올 왕 예수 그리스도에 의한 신약 시대의 택한 백성을 위한 모델을 만드시는 것이다. 그리고 마지막 때에 신구약의 선민이 예수 그리스도와 함께 하늘 나라, 천국 백성이 되게 하시는 것이 하나님의 구속사의 의미이다. 그러므로 하나님이 만드신 이스라엘이라는 나라는 결국 하늘나라의 모델이라고 할 수 있다.

국가란?

국가(國家)의 사전적 의미는 일정한 영토를 차지하고 그 영토에 국민이 실재하고 조직된 정치 형태, 즉 정부를 지니고 있으며 대내 및 대외적으로 자주권을 행사하는 정치적 실체라는 것이 사전적으로, 그리고 국제적으로 통용되는 국가의 의미다. 즉 국가 구성의 3요소는 영토, 국민, 주권이다. 그러나 국가의 권리와 의무에 관한 몬테비데오 협약(1933년)은 국제법상의 국가로 인정받기 위해서는 항구적인 주민, 일정한 영토, 정부, 다른 국가와 관계를 맺을 수 있는 능력을 가져야 한다고 명시하고 있다.

마키아벨리는 저서 『군주론』에서 "사람들에 대하여 명령권을 가지고 있고, 또 현재 가지고 있는 통치 영역은 국가이며, 그것은 공화국이나 군주국 가운데 하나"라고 정의함으로써 국가라는 단어를 처음으로 학문에 도입하였다. 이와 함께 그는 국가의 구성 요소로 토지, 인간, 지배력을 들었고 이는 지금까지도 국제법의 통설로 통하는 국민, 영토, 주권의 국가 3요소설로 받아들여지고 있다.

국민: 아브라함의 후손 히브리 공동체

아브라함의 역할

셈의 아들 에벨의 뜻이 강을 건넌 자란 의미를 가지고 있으며 또한 유프라데스 강을 건넌 자라는 뜻을 가진 연유에서 아브라함의 후손을 히브리인이라고 불렀다. 히브리인이라는 이름의 사람들은 족장 시대를 넘어 다윗 왕국 시대까지 일컬어졌으며 야곱이 이스라엘로 불리면서 그의 12아들로 이루어지는 12족장이 되면서 이스라엘 민족이 형성되었고 다윗이 이스라엘 왕국을 완성하면서 이스라엘 백성으로 불려졌다. 이후로 바벨론 시대 이후 성전 제사 중심의 신앙이 회당을 중심으로 바뀌면서 유대교로 발전하여 유대인이라고 불리고 있다.

아브라함은 아버지 데라가 죽던 해인 주전 2091년(아브라함의 나이는 75세)경에 하란을 출발해 가나안 땅에 들어오게 된다. 아브라함은 다메섹을 거쳐서 세겜에 도착했다. 이것은 640 km 정도로 실제로 20여 일 이상 여행을 해야만 하는 거리다. 세겜에 잠시 머물렀던 그는 벧엘과 아이 사이에 있는 장소에 체류했다가 다시 남방 네게브로 내려간다.

아브라함이 가나안 땅에 진입해서 세겜, 벧엘과 아이 사이 지역, 남방에 이르기까지 체류하는 데 많은 장애물들이 있었다. 본래 가나안 지역에는 토착민이 살고 있었다. 그런데 기원전 2200-2000년 사이에 반유목민이며 셈족인 아모리 족속이 가나안 지역으로 몰려오면서 가나안 토착민들은 밀려나가게 되었다. 물론 아모리 족속이 완전히 가나안 지역을 장악한 것은 아니었다. 아브라함이 세겜에 도착해서 제단을 쌓을 때 별 어려움이 없었던 것은 세겜이 아직 도시화 되지 않았으며, 아브라함이 이주한 경로 역시 토착민이나 사람들이 몰려 사는 지중해 연안이나 평야 지대가 아니라 구릉 지대였기 때문에 어떤 제약도 받지 않고 이주하거나 체류할 수 있었다. 이 땅이 이스라엘의 seed land, 하나님이 지시하는 땅, 가나안이다.

하나님은 셈의 후손 중 한 사람인 아브라함을 부르시고, 그를 통해서 신앙으로 하나되는 혈연 공동체를 만들어 하나님의 백성, 곧 선민을 만들어 가는 사역을 강행하신다. 아브라함에서 이스라엘 민족을 만들어 가는 과정이 창세기 12장부터 50장까지의 역사다.

흔히들 아브라함을 믿음의 조상이라고 부른다. 하나님은 아브라함에게 "너의 후손이 밤 하늘의 별들처럼 바닷가의 모래알처럼 많아질 것"이라고 약속하셨다. 이 천 년의 약속은 다윗 왕 때에 비로소 이루어진다.

우리가 여기서 중요한 한 가지를 지적해야 한다. 하나님은 아브라함을 통해 후손을 약속하셨지만 이들은 단지 혈연으로 연결된 민족 공동체일 뿐이다. 민족 공동체는 국가를 이루는 구성원인 백성을 만들기에 가장 적합한 방법이다. 그러나 하나님이 아브라함을 부르신 궁극적 목적은 이들이 세울 나라를 통해 여호와 하나님의 신앙의 자유를 지키는 것이다. 결국 나라의 역할은 각 국민의 신앙의 자유를 지키는 울타리 역할을 위해 세워지는 것이다. 하나님이 아브라함을 불러내신 이유는 국가를 만들기 위한 첫 번째 단계가 바로 신앙 공동체로 넘어가기 위한 혈연 공동체다.

이삭의 역할

실제로 성경에서 이삭에 관한 기사는 3장(창 25-27장)이지만 아브라함의 말년의 기사와 에서와 야곱의 이야기를 빼고나면 이삭의 활동 이야기는 단 한 장(창 26장)에 불과하다. 그런데 이삭의 활동에 관한 기사가 창세기 26장 한 장이지만 이삭 기사의 특징은 그는 가는 곳마다 하나님의 축복으로 인해 우물을 팠다는 것이다. 그 결과 이삭은 우물을 파면서 그의 지경을 넓혔다는 것이다.

이미 아브라함 생전 백 년 동안 중동 지방에 혹독한 가뭄이 들던 시기였고 가뭄을 피하여 그랄 땅으로 가기 전 이삭은 그의 부모가 행했던 것처럼 애굽으로 갈 계획을 세웠던 것으로 보인다. 그런데 하나님이 이삭에게 나타나셔서 애굽으로 가지 말고 블레셋 그랄 땅으로 갈 것을 권유하신다. 그러면서 이삭에게 땅을 약속하신다.

"이 땅에 유하면 내가 너와 함께 있어 네게 복을 주고 내가 이 모든 땅을 너와 네 자손에게 주리라 내가 네 아비 아브라함에게 맹세한 것을 이루어 네 자손을 하늘의 별과 같이 번성케 하며 이 모든 땅을 네 자손에게 주리니 네 자손을 인하여 천하 만민이 복을 받으리라"(창 26:3-4).

하나님의 약속은 이삭에게 땅을 지키라는 것이다. 땅의 주인은 아무리 주변 환경이 어려워진다 할지라도 땅을 떠나지 않는 것이다. 남들이 다 다른 곳으로 이주할지라도 땅의 주인은 끝까지 자신의 땅을 지켜야 한다. 이삭이 현재 다니는 모든 땅은 앞으로 이삭의 후손으로 오는 이스라엘 백성이 밟고 다닐 땅이다. 그러기에 하나님은 이삭을 통해 땅을 마련할 사명을 주신 것이다.

그리고 하나님은 이삭이 그가 가는 곳마다 우물을 파게 하셨다. 이 당시의 우물은 곧 땅의 주인임을 증표하는 것이다. 이삭이 창세기 26장에만 우물을 6개를 팠다. 실제로 블레셋 사람들이 메웠던 아버지 아브라함이 판 우물을 다시 판 것까지 합하면 도합 7개의 우물을 판 셈이다.

하나님은 이삭의 우물 파는 사역을 통해 앞으로 그의 후손들이 살아갈 영토 가나안 땅을 미리 준비하고 있음을 알 수 있다. 그러므로 이삭의 역할은 영토를 확보하는 중차대한 사명이다.

영토: 젖과 꿀이 흐르는 가나안 땅

하나님이 아브라함을 부르실 때는 아직 국가가 없었으므로 국가를 이루는 3가지 요소를 가지기 위해서는 먼저 영토가 있어야 했다. 그래서 아브라함에게 나타나 지금의 이라크 지역인 갈대아 우르를 떠나 하란으로 이주하게 하셨다. 그리고 달을 신으로 믿고 있던 아브라함의 아버지 데라가 죽자 아브라함은 그의 조카 롯을 데리고 하나님이 지시하는 가나안 땅으로 간다. 하나님이 지시하는 땅, 그곳이 바로 아브라함을 통해 이루어질 히브리 민족(유브라데스 강을 건너 온 사람들)이 살게 될 영토, 가나안 땅이다.

약속의 땅, 이스라엘 땅의 경계를 가장 구체적으로 일러주신 민 34:1-12과 흔히 유대인들이 자신들의 나라 전체를 지칭하면서 단에서 브엘세바까지라고 말한 사실(삿 20:1; 삼상 3:20)에 근거하여 가나안 땅의 기본 경계로 정한다. 또 사실 각 시대에 따라 행정 구역상의 구분에는 변천이 있었으나, 이 범위의 땅이 성경 전 시대에 걸쳐 성경의 주요 무대가 되었던 것도 사실이다. 이는 동서로는 요단 동편 땅 너머의 사막과 지중해를, 북으로는 만년설의 위용을 자랑하는 헬몬산과, 남쪽으로는 네게브 사막 지대를 경계선으로 하는 땅이다.

이렇게 볼 때 가나안 땅의 북쪽 경계에서 남쪽 경계까지의 길이는 대략 240km로서 서울에서 대구까지의 길이에 해당한다. 동서의 길이는 북단이 짧고 남단이 비교적 긴데 북단이 45km 남단이 85km이다. 이는 각각 서울–인천, 서울–천안 사이의 거리에 해당된다. 또한 이 지역의 면적은 대략 22,000제곱킬로미터 정도 되는데 대한민국의 남한 땅 8분의 1의 크기이다.

지정학적 의미로는 페르시아만부터 소아시아, 아라비아, 시나이 반도에 걸치는 소위 근동(Near East) 지방의 땅으로 비교적 척박한 땅이다. 반면 그 중에서도 유프라테스강과 티그리스강, 그리고 요단강과 나일강 등 주요 하천 지역은 그 외의 지역에 비해 뚜렷이 구별되는 옥토 지대를 이루고 있다. 페르시아만에서 나일강까지의 옥토 지대를 주변의 척박한 땅과 구분시켜 서로 연결하여 보면 마치 초생달과 같은 모양이 나온다고 하여 이를 소위 비옥한 초생달 지대(The fertile crescent district)라 불렀다. 근동 지방의 주요한 역사는 다 이들 지역과 관계된 것이다.

한편 약속의 땅 가나안은 이 비옥한 초생달 지대 중에서도 세 대륙을 잇는 지정학적으로 그야말로 중요한 가교 지대에 자리 잡고 있다. 그리하여 가나안 땅은 평화 시에는 무역로로서, 전쟁 시에는 전략적 요충지로서 주변 열강들의 각축장이 되었다. 동방에서 서방 세계로 나가기 위해서, 남방의 아프리카에서 동방과 유럽으로 나가기 위해서, 그리고 유럽에서 동방과 아프리카로 진출하기 위한 연결고리가 바로 약속의 땅 이스라엘이다. 현대 세속 문명의 원형이라 할 메소포타미아 문명과 이집트 문명도 이 같은 초생달 지대에서 발생하여 가나안을 통로로 아래에서 위로, 위에서 아래로 전달되었다.

수동적 입장에서 보면 이런 땅에서 유일신 사상을 근간으로하는 기독교가 발생하여 그 순수성을 보존한 것은 놀라운 일이며 이 사실은 하나님의 섭리가 아니고는 설명할 수 없다. 반대로 능동적 입장에서 보면 하나님은 이런 가교의 땅을 선택된 백성의 땅으로 삼으시어 그 백성의 신앙이 널리 동서남북으로 퍼져나갈 전초 기지의 역할을 하도록 하였다고 볼 수 있다.

야곱의 사명

야곱은 이스라엘 민족의 직접 조상이다. 특히 그의 조부 아브라함은 이스라엘의 히브리 민족뿐만 아니라 아랍 민족의 조상이다. 그러기에 구속사에서 야곱의 역할은 무엇보다도 중요하다. 야곱을 통해 나온 12아들이 이스라엘의 12지파가 되고 야곱이 이스라엘이라는 이름을 얻게 됨으로 야곱의 12아들이 이스라엘 민족 공동체가 되기 때문이다.

이는 루스 땅에서 이룬 야곱의 벧엘 서원을 통해 앞으로 올 이스라엘 민족이 민족 공동체에서 여호와 하나님의 신앙 공동체로 탈바꿈하는 중요한 영적 계기가 되기 때문에 야곱의 벧엘 서원은 이스라엘의 신앙의 모범이 될 뿐만 아니라 현재도 영적 이스라엘인 현대 교인들에게도 중요한 신앙적 모범이 되는 것이다.

하나님이 이스라엘 민족을 선민으로 택하신 이유는 이들을 백성 삼아 이스라엘이라는 국가를 만들고 이 국가는 신앙공동체로 이루어진 이스라엘 국민들의 신앙의 자유를 지키게 하여 만방에 하나님의 이름을 영광스럽게 하여야 할 구속사적 목적이 있기 때문이다.

주권: 하나님의 말씀(하나님의 뜻)

주권이란 국가의 의사를 결정하는 최고의 원동력으로서 대내적으로는 최고의 권력, 즉 한 국가 내에서의 최고의 권력을 의미하고 대외적으로는 한 국가를 외국에 대하여 독립된 지위에 있게 하는 힘을 의미한다. 주권은 국가 내적으로는 국가의 조직을 구성하는 자율권과 국가 영역 내에 거주하는 국민들과 사람들을 보호하는 힘과 사물들을 지배하는 포괄적인 힘을 가진 권력을 의미한다.

주권 개념을 본격적으로 국가와 정치의 영역으로 끌어들인 사람은 프랑스 종교 개혁기의 법학자이자 사상가였던 장 보댕(Jean Bodin, 1539-1596)이다. 그의 『국가론』 제6편에 의하면, 주권은 국가의 절대적·영속적 권력으로서 최고의 지위를 가지며 모든 법률에서 독립된 권력으로 정의된다. 이런 권력의 존재는 국가의 본질로서 국가의 존재에 있어 필요불가결한 요소로 이해되었다. 주권은 이러한 권력이었고, 군주는 이런 권력을 가지고 있기 때문에 신민에 대하여 복종을 요구하는 권위를 가진다고 했다. 그런데 주권이 모든 법률에서 독립되어 있다고 해도 신의 법과 자연법(Rule of Law)에는 복종하여야 하는데, 이를 위반할 때는 신민은 복종을 거부할 권리를 가진다고 했다. 이러한 주권은 입법권, 관리임명권, 전쟁 선포·강화권, 재판권, 은사권(恩赦權), 화폐주조권, 과세권, 충성·복종요구권으로 구체화되어 나타나는 것이었다. 그에 의하면 이런 권력을 가지는 군주가 존재하느냐의 여부에 의해 국가이냐 아니냐 하는 것이 결정된다고 했는데, 이로써 중세 봉건 구조를 탈피하고 군주에 의해 통합되는 국가와 군주의 권력이 이론적으로 뒷받침되었다.

근대에 와서는 국민이 주권을 가진다는 국민주권설이 주장됨과 아울러 주권이 최고 독립의 권력을 의미한다는 주권 개념이 발달하였다. 국민 주권에 의하여 국민이 국가의 주권을 가지고 있으나 국민은 사회계약론에 의거하여 주권을 국가에 양도하고 그의 대표자를 세워 주권을 행사하는 것이 현대적 주권의 의미다. 그러므로 가장 이상적인 자유 민주주의 형태는 직접 민주주의가 아니라 대의 민주주의로 보고 있다.

'하나님 나라', 곧 천국은 성경의 중심 사상이다. 그러므로 천국의 주권은 하나님께 있다. 하나님 나라는 하나님의 직접적인 통치(하나님의 주권)를 뜻하는 나라이며, 예수님이 이 땅 가운데 오셔서 선포하시고 가르치신 복음의 핵심이기도 하다. 예수님은 "너희는 먼저 그의 나라와 그의 의를 구하라"(마 6:33)고 말씀하시며 하나님 나라의 복음을 선포하셨다. 천국 백성은 하나님의 통치를 받아들이는 것을 의미한다. 그러므로 믿음의 시작은 하나님의 통치를 인정하고 받아들이는 것으로부터 시작된다. 이것이 천국 백성의 의무다.

하나님 나라의 출발점은 영원하신 하나님께서 인간에 대한 그분의 목적을 하나님이 선택한 이스라엘이라는 민족과 나라를 통해 이루시는것으로부터 시작된다. 하나님은 아브라함을 선택하여 씨족 사회를 만들어 이스라엘이라는 국가의 국민을 만들기 시작하였다. 아브라함과 이삭을 거쳐 야곱의 열두 아들을 통해 씨족에서 부족 국가를 이루게 하셨다. 요셉을 포함한 야곱의 12아들과 그의 권속을 합해 총 70명이 요셉이 국무총리로 있는 애굽에 들어가게 된다. 그들이 애굽에 온 지 430년이 지나 이제 나라를 이룰 정도의 숫자가 채워지자 하나님은 모세를 통하여 아브라함에게 약속해 주셨던 가나안 땅으로 이주시킨다.

그러나 애굽에서 4백여 년을 살면서 이들이 잃어버린 자유의 정신을 되찾아 주기 위해 광야에서 40년의 교육을 거쳐 애굽에서 물든 노예근성을 철저히 희석시킨 후 약속의 땅을 이어받을 수 있는 신앙적 교양으로 무장한 1.5세대와 2세대들이 가나안 땅에 입성하게 된다. 그리고 다시 가나안 정복과 또 다른 400년의 사사 시대를 거쳐 다윗 왕 때에 이르러 드디어 진정한 통일 이스라엘 왕국을 완성한다.

구약 성경에서 히브리어로 기록된 하나님 나라는 '말쿠트'(malkeuth)이다. 약 200여 회 정도 나타나는데, 그 의미는 매우 다양하다. 인간 왕에게 적용될 경우, 주로 '통치', '지배', '왕권' 등과 같은 추상적, 역동적 의미로 사용됐다. 하지만 지극히 부차적으로 왕이 통치하는 공간적 영역, 지역, 영토의 의미로도 쓰였다. 헬라어로 된 신약 성경은 하나님 나라를 '바실레이아'(basileia) 라고 표현한다. 히브리어인 '말쿠트'와 동일하게 추상적, 역동적 의미로 사용되고 있다.

즉, 하나님 나라를 지칭하는 구약의 '말쿠트'와 신약의 '바실레이아'가 갖고 있는 의미는 하나님의 '통치' 또는 '주권'과 '왕권'을 지칭하고 있는 것으로 이해할 수 있다.

구약 성경에서는 '하나님의 나라'라는 단어는 항상 통치, 다스림 또는 주권이라는 의미로 쓰였다. 이는 구약 전체를 아우르는 중심 사상이었다. 하나님은 천지를 창조하신 만물의 주인이시다. 눈에 보이는 세계뿐 아니라 눈에 보이지 않는 영적 세계의 주인이시다. 이스라엘의 하나님이실 뿐만 아니라 이방 모든 민족도 복종해야 하는 만민의 주인이시다. 우리가 살고 있는 현재에만 주인이신 것이 아니라 앞으로 올 미래 세대에도 주인이신 것이다.

구약은 끊임없이 하나님의 주권을 강조하고 있다. 물론 구약에서 하나님의 주권은 이스라엘을 통해서 직접적으로 나타났고, 하나님이 직접 다스리시는 이스라엘이라는 국가를 통해 당신을 열방에 드러내려 하셨다. 하지만 이스라엘은 하나님의 부르심을 반복적으로 거역하고 하나님은 끊임없이 이들을 돌이키시려고 애쓰시는 이야기가 성경의 역사다.

결국 하나님의 말씀을 잃어버린 이스라엘 백성에게 하나님의 심판이 북이스라엘, 남유다에 이른다. 이러한 심판과 고통의 바벨론 포로 상황에서 이스라엘은 '그 선지자', 또는 '다윗의 자손', '여호와의 종'을 간절히 소망하는 메시아 신앙으로 승화하게 된다. 바로 '주의 날, 메시아의 임재의 날'이다. 하나님은 이스라엘의 남은 자를 부르시며 악인들과 악한 나라들을 심판하시고, 의인들과 그의 나라를 회복하실 것뿐만 아니라 죄로 인해서 깨어졌던 만물이 회복될 것을 약속하신다. 구약은 이렇게 메시아를 간절히 대망하며 신약으로 연결된다.

신약은 예수님을 통해 바로 구약의 이러한 대망이 이루어졌음을 선언하고 있는 약속의 책이다. 예수님은 하나님 나라 천국으로 오셨고, '하나님 나라'가 무엇인지 끊임없이 설파하시며 가르치셨다. 복음서는 단지 예수님에 대한 증언이 아니라 하나님 나라를 이 땅에 도래시킨 메시아가 어떻게, 그리고 왜 죽으시고, 부활하셨는지에 대한 증언임을 보여주고 있다. 물론 예수님은 하나님 나라가 이미 임했다는 것을 보여 주었을 뿐만 아니라 하나님 나라가 아직 완전히 임하지 않았다고 반복적으로 가르치기도 했다. 메시아의 도래가 구약의 대망처럼 이미 (already) 이루어졌지만 완전한 나라(재림)가 언제 임할지 자신도 모르고 오직 하나님만 아시는 그날이므로 아직(Not Yet) 완전히 이루어지지 않았다고 선포하셨다.

이스라엘은 주권이 하나님께 있는 나라다. 이것이 하나님이 아브라함을 택한 이유다. 그러나 이스라엘이 국가로 세워질 당시 이스라엘 백성들은 하나님의 주권을 거부하고 왕에게 모든 권력이 집중되는 왕정 제도를 요구하기에 이른다. 사무엘 선지자에게 왕정 제도를 요구하는 백성들을 보고 하나님은 "백성들이 너를 버린 것이 아니라 나를 버린 것"이라고 말씀하신다. 결국 이스라엘 백성은 국가 주권을 하나님에게서 탈취하여 인간 왕에게 바치고 만다. 그리고 백성들은 자유로운 하나님의 백성에서 스스로 왕의 노예로 전락하고 만 것이다.

국민 국가(Nation-State)

국민 국가(國民國家, nation state)는 국민 공동체를 기초로 하는 국가를 말한다. 근대 국가의 한 부류이며, 프랑스 시민 혁명을 거쳐 오늘날 가장 일반적인 국가 형태로 존재한다. 민족 국가(民族 國家)라고 번역하기도 한다.

구성원 중심 개념인 국민(nation)과 통치 기구 중심 개념인 국가(state)의 합성어인 국민 국가는 두 가지 차원에서 볼 수 있다. 국민(nation)의 관점에서 보면 주관적으로는 개인 구성원이 공통의 정체성을 토대로 하나의 집단으로서 자각한 상태이며, 국가(state)의 관점에서 객관적으로는 통치 기구가 일정한 영토를 통제하고 방어하며 물질적 안전과 보호를 제공한다. 국민 국가는 영토 내의 국민 통합을 통하여 주관적 국민 공동체와 객관적 국가 공동체의 일치를 추구한다.

국민(nation)이 정체성으로 규정되는 주관적 개념이기 때문에, 국민 국가 역시 통일된 정의가 존재하지 않는 다의적 개념이다. 국민 정체성의 근간을 혈통 중심의 좁은 의미로 해석할 때, 국민은 곧 민족이며 국민 국가는 민족 국가와 동일한 의미이다. 민족주의 운동이 활기를 띠던 근대에는 국민 국가와 민족 국가라는 두 단어는 완전히 혼용되었다. 민족주의는 민족 단위와 국가 단위의 일치를 추구하는 개념이며 이상적인 민족 국가는 민족과 국가가 완전히 일치한 단일 민족 국가를 이룬다. 따라서 좁은 의미의 엄밀한 의미에서 민족 국가는 다민족 국가와 대비되는 개념이다.

그러나 근대와는 달리 현대에 와서는 국민들의 민족 구성이 갈수록 다양해지고 있다. 그에 따라 학계 일부에서는 국민 국가를 민족 국가와 조금 다른, 민족을 배제한 개념으로 쓰고 있다. 이 경우 국민 정체성은 혈통이 아니라 공통의 문화를 근간으로 한 넓은 의미로 해석되며, 국민 국가는 일정한 영토를 기반으로 국민을 통합하는 모든 근대 국가를 의미한다. 보편적 국가 형태로서 넓은 의미로 국민 국가는 국제 정치의 기본 단위이다. 현대 국가는 혈통을 중심으로 하는 민족 국가적 개념을 벗어나 이념과 동질성을 중심으로 하는 국가적 형태로 이해하는 것이 대세적 추세다.

국민 국가는 국민(문화적인 주체)에게 주권적인 영토를 제공하기 위하여 존재하며 그러한 목적이 국민 국가의 정당성의 원천이다. 이를 위해 단일 국가의 형태를 가지며 통일된 법과 정부 체계를 갖춘다. 막스 베버적 국가 개념인 국민 국가는 주권적 공동체로서 국가 위에 다른 권력이 존재하지 않으며, 합법적으로 폭력을 독점하고 국민을 결속시키는 자율적 존재이다. 국가는 법률적 테두리 내에서 국민에게 강제를 활용하는 유일한 기구이며 전쟁을 할 수 있는 기구다.

국민 국가의 역사는 근대의 시작과 함께 되었으며, 주권을 매개로 한 국민(nation)과 국가(state)의 통합 과정으로 규정할 수 있다. 그러므로 국민과 국가는 서로 상호 강제적 협의로 맺어진다고 할 수 있다.

nation은 본래 "탄생"이라는 뜻의 라틴어 natio(nātĭō)에서 유래한 단어로 어원상 혈통과 연관된 단어이다. 혈통 중심 민족 공동체를 이르던 말인 nation은 시간이 흐르면서 혈통과 관계없이 종교, 언어, 문화, 출신 지역에 따른 인구 집단을 이르는 말로 의미가 확대되었고, 근대에 들어와 부르주아 시민 계층의 성장과 함께 정치적으로 동원되었다. 프랑스 혁명은 주권의 소재가 국민(nation)에 있다고 선언함으로써 국민 공동체를 중심으로 한 국민 국가의 이념을 확산시켰다.

반면 state는 일정한 영토를 통제하는 통치 기구를 일컫는 말로, 종교적 규범성을 바탕으로 인적 지배를 하던 중세 봉건국가와 달리 영토적 통치 능력을 바탕으로 제도적 지배를 하는 베버적 근대 국가를 의미한다. 영토를 기준으로 대내적으로는 절대적이고 대외적으로는 독립적인 근대 주권 국가의 개념이 제시되었다. 15-16세기 절대 왕정의 시기를 거치며 관료제와 상비군 등 영토의 통치를 위한 중앙집권적 제도가 더욱 확고해졌으며, 중상주의 정책이 추진되며 영토를 기반으로 국부를 증진시키고 구성원을 동질화하는 국민 국가 수립 작업이 본격화되었다.

한편 nation과 state 중 어느 것이 역사적으로 먼저 출현한 개념인지는 학계의 오랜 논쟁거리였다. 시원주의에 따르면 nation은 고대부터 존재한 영속적인 집단이며, 민족에 기반하여 국가가 만들어진다. 반면 홉스봄, 앤더슨 등 근대주의에 따르면 nation은 근대의 발명품이자 "상상의 공동체"이며, 국가가 먼저 존재하고 국가가 만든 이데올로기가 민족을 만들어낸다고 보았다.

하나님이 만드신 이스라엘의 건국 과정

아브라함이라는 개인을 부르심

구약 시대의 이스라엘이라는 국가는 처음부터 국가라는 개념으로 시작된 것이 아니다. 국가로 존재하기 위해서는 앞에서 언급한 여러 가지 조건이 충족되어야하므로 영토와, 국민과 주권을 이루기 위한 하나님의 일하심이 아브라함을 불러내신 목적이라고 볼 수 있다.

그런데 하나님은 아브라함이 많은 씨족을 거느렸을 때 그를 부르신 것이 아니라 개인 아브라함을 불렀다는 데 큰 의의가 있다. 한 인격적 개인 아브라함을 시작으로 이스라엘이 시작되었다는 의미이다. 그러므로 이스라엘이라는 국가는 국가가 만들어지는 과정에서부터 주변의 왕정 국가와 완전히 다른 형태를 띠게 된다. 구약 시대의 다른 나라는 권력을 가진 사람이 왕이 되어 왕정 국가를 만드는 반면 이스라엘은 왕이 선재되어 국가를 이루는 것이 아니라 국민과 주권이 이미 존재하여 왕이 주권을 이양받는 형식을 띠고 있는 독특한 방식이다. 그리고 초대 왕 사울조차도 백성들의 제비뽑기에 의해 선출되는 방식이었다.

이스라엘이라는 국가가 세워지는 방식은 자유의 상징인 미국이 세워지는 방식과 비슷하다. 현대적 의미에서 세상의 모든 국가는 왕정 국가 체제로부터 시작되어 개인의 인권과 자유가 발달하면서 현재의 민주주의 국가로 발전되는 형식을 밟았지만 미국이라는 나라는 신앙의 자유를 찾아 세계 각국에서 몰려온 개인이 자신들의 주권을 지키기 위해 정부를 세우고 국민됨을 자부하며 세워진 나라이다. 이 정부 수립의 목적을 "독립선언서 2장"에 분명히 명시하고 있다.

"우리는 다음과 같은 것들을 자명한 진리로 믿는 바, 즉 모든 사람은 평등하게 창조된다는 것, 그들은 창조주로부터 양도할 수 없는 일정한 권리를 부여 받는다는 것, 그리고 이에는 생명, 자유 및 행복의 추구 등이 포함된다는 것, 이러한 권리를 확보하기 위해 인간들 사이에 정부들이 수립되며, 이들의 정당한 권력은 피치자의 동의에 연유한다는 것, 어떠한 형태의 정부라도 그러한 목적들을 파괴하는 것이 될 때에는 그 정부를 바꾸거나 없애버려 새 정부를 수립하되, 국민들에게 자신들의 안전과 행복을 가장 잘 이룩할 것같이 보이는 그런 원칙들에 입각하여 그 토대를 마련하고 또 그런 형태하에 권력을 조직하는 것이 국민의 권리라는 것 등이다. 사실 신중을 기하기 위해서는, 수립된 지 오래된 정부는 사사로운 일시적 이유로 바꿔서는 안 되며, 또 모든 경험에 의하면 인류는 악폐라 할지라도 그것을 견딜 수 있는 동안은 자기들에게 익숙한(정부) 형태를 폐기함으로써 그러한 악폐들을 시정하느니 오히려 참고 견디려는 경향이 있다. 그러나 항상 동일한 목적을 추구하기 위해 부조리와 권리 침해를 끊임없이 일삼음으로써 국민을 절대적인 전제하에 묶어두려는 의도가 분명할 때는 국민들은 그러한 정부를 떨쳐버리고 자신들의 미래의 안전을 지켜줄 새로운 수호자들을 마련할 권리와 의무가 있다. 이렇듯 이들 식민지들은 참을성 있게 고통을 견디어 왔으며, 부득이 구 정부 체제를 바꾸어야 할 필요성에 당면해 있는 것이다, 대영 제국의 현 국왕의 역사는 오직 이들 주에 대해 절대적 전제 체제를 부과하려는 직접적인 목적만을 지닌 위해와 권리 침해가 반복된 역사이다. 이를 입증하기 위해 공정한 세계에 대하여 그 사실을 제시하는 바이다…"(미국의 독립선언문 중에서).

아브라함 개인을 부르심으로 시작된 하나님의 나라, 이스라엘은 하나님의 뜻인 인간에게 자유를 찾아주기 위해 세워진 나라다. 그러므로 하나님 나라의 시작은 개인의 존재로부터 시작된다. 자유라는 인권을 기본으로 하는 개인이란 단위는 국가를 위하여 존재하는 것이 아니라 개인의 자유와 생명의 안전을 위하여 국가를 필요로 하는 것이다. 하나님은 이런 인권의 중요 가치가 훼손되는 것을 막기 위하여 하나님의 주권으로 다스리는 나라를 만드시길 원하셨다. 이것이 권력자인 왕이 나타나 백성을 권력의 힘으로 강제로 복종시켜 노예로 만드는 왕정 국가와는 시작부터 다르다는 것을 인정해야 진정한 자유의 나라인 하나님 나라를 이해할 수 있다.

하나님은 아브라함을 직계로 씨족을 이루고 씨족이 이삭을 거쳐 씨족 사회를 만들고 야곱에 이르러 12부족이 되는데 혈연과 언어, 신앙의 민족 공동체를 이루어 부족의 동질성을 유지시켜 가나안에 이르러 부족 국가에서 성읍(도시) 국가로 성장시켰다. 이스라엘의 예루살렘 성전 제사는 절기에 따라 백성들이 모여 제사하게 하였는데 이는 민족의 동질성을 유지시키기 위한 제도요 방법인 것이다. 오늘날도 모든 국가는 절기를 정해 공휴일을 만들어 국민의 동질성을 함양시킨다.

이스라엘의 마지막 사사인 사무엘 선지자를 거쳐 사울 왕 시대에 초기 국가 형태가 나타나지만 진정한 영토와 12부족이 각각의 state를 이뤄 연합체가 되는 통일 국가는 다윗 왕 시대에 이르러 드디어 국가의 모습으로 등장하여 주변의 다른 나라에 조공을 부과함으로 주변 국가와의 관계를 통하여 명실상부한 국가의 형태를 이룬다. 이스라엘이라는 나라의 건국 목적은 다음과 같다.

1. 하나님 여호와 신앙의 자유를 지키기 위하여
2. 하나님의 이름을 온 땅에 전파하기 위하여
3. 인류를 구원할 자유, 메시아 예수 그리스도를 통한 천국을 예표하기 위하여

하나님의 이스라엘 국가 건설의 목적은 자유를 지키기 위한 선택이었다. 그러므로 하나님의 인류 구원사의 핵심은 자유다. 하나님은 아담과 하와를 창조하신 후 그들에게 복을 주셨

다. 복의 핵심은 "**생육하고 번성하고 땅에 충만하라**"는 것이다. 그러나 인간의 불완전성은 복을 저주로 만들고 말았다. 한문에 "과유불급(過猶不及)"라는 말이 있듯이 인간의 본능은 과(過)를 절제하지 못한다. 이것이 인간의 본능이고 인간의 불완전성(에노스)이다. 인간의 본능은 욕심으로 나타나고 사람의 마음을 다스리는 절제 수단인 하나님의 말씀 곧 약속을 어기고 선악과의 열매를 먹음으로 인간은 자유를 잃고 죄의 종이 되고 만 것이다.

성경의 모든 말씀의 중심은 자유 회복이다. 제단을 쌓게 한 의미도, 제사를 드리게 한 제사장 제도, 예루살렘 성전 건축도, 이스라엘이라는 국가를 만든 목적도 자유 회복이다. 진리로 오신 예수님이 이 땅에 오셔서 자유를 선포하셨고 하나님이 만드신 이스라엘의 국가의 회복도 자유가 그 핵심이다. 또한 예수님의 재림은 영원한 희년의 선포로 완전한 자유의 회복, 영생을 의미한다.

그러면 하나님이 주신 자유를 향유하기 위해서는 무엇을 해야 하는가? 간단하다. 하나님이 주신 약속의 말씀으로 인간의 본능을 절제하면 된다. 하나님이 이를 위하여 이스라엘 백성들에게 율법과 규례를 주셨지만 이들은 하나님의 말씀으로 오히려 613개조의 율법의 그물을 만들어 스스로 율법이라는 감옥 속에 갇히고 말았다. 욕심을 절제하고 자유하라고 주신 말씀으로 율법을 만들어 오히려 자신들의 발목을 묶고 만 것이다. 그리고 스스로 율법의 몽학 선생의 가르침에 머물고 말았다. 뱀이 매년 그 몸집이 자람에 따라 허물을 벗어야 하는데 만일 뱀이 허물을 벗지 못하면 오히려 옛 허물의 압박에 몸이 조여 죽고 만다. 이스라엘이 그 꼴이 되고 만 것이다.

예수님은 이 땅에 죄가 어떻게 왔는지를 잘 아신다. 죄의 원인은 무절제 즉 욕심이다. 인간의 마음의 무절제를 말씀으로 다스리려고 오신 분이 예수님이다. 이 땅에 오셔서 제자들을 불러 모으시고 팔복을 말씀하셨다. 팔복의 참 의미가 무엇인가? 팔복의 말씀을 한마디로 요약하면 마음의 절제다. "행복해지기를 원하는가? 마음을 절제하라." 이것이 핵심이다. 그러기 위해서는 온 우주를 창조하시고 만물을 다스리시는 하나님의 아들 메시아의 마음을 배우라는 것이다. "나는 마음이 온유하고 겸손하니 나의 멍에를 메고 내게 배우라 그러면 너희 마음이 쉼을 얻으리니"(마 11:29).

그리고 예수님이 하늘 나라에 가시면서 오순절날 마가 다락방에 보내오신 성령 하나님께서 이를 담당하셨다. 성령의 가르침으로 이를 간파한 사도 바울도 믿음으로 성령의 아홉 가지 열매를 맺으라고 강조한다(갈 5:22). 성령으로 거듭난 사람은 마음을 절제할 수 있는 사람이다. 마음을 절제할 수 있는 사람만이 "사랑, 희락, 화평, 오래 참음, 자비와 양선과 충성과 온유와 절제"의 열매를 맺을 수 있다. 만약 성령 충만을 부르짖으면서도 마음을 절제하지 못한다면 이는 거짓이다. 한국 교회가 안고 있는 가장 큰 문제가 바로 성령을 잘못 이해하고 성령을 제대로 가르치지 못하고 있는 것이다. 성령은 인간의 본능을 절제시켜 하나님의 말씀을 지켜 복에 이르게 하는 예수 그리스도의 영이신 분이다.

사도 베드로는 마음의 절제를 믿음의 덕으로 보았다(벧후 1-11). 그리고 이 생명과 경건에 속하여 마음의 절제로 덕을 쌓는 사람을 신의 성품에 참여하는 자라고 선포하였다.

"정욕을 인하여 세상에서 썩어질 것을 피하여 신의 성품에 참예하는 자가 되게 하려 하셨으니"(벧후 1:4).

이렇게 신의 성품에 참여할 수 있는 사람을 '택하신 족속이요 왕 같은 제사장'이라고 부른다. 왕 같은 제사장들이 사는 나라, 그 나라가 하나님이 세우시고 싶어 하시는 영적 이스라엘 국가이다. 구약에서도 말씀을 따라 사는 사람을 신이라고 말했고(시 82:6), 예수님도 이들을 신의 아들이라 칭했다.

"성경은 폐하지 못하나니 하나님의 말씀을 받은 사람들을 신이라 하였거든"(요 10:35).

성경에서 자유는 본체이고 사랑은 실천이다. 각 국가의 존재 이유는 각 개인을 위한 자유를 지키기 위함이요 민주주의 국가 정체성은 자유를 실현시키기 위한 장치요 수단이다. 그러므로 하나님이 부여하신 자유를 지키기 위해서는 민주주의 정치 제도가 가장 적합하다. 그러나 국가의 주인인 국민이 왕 같은 제사장의 자질과 자격이 없이는 자유 민주주의를 실현하기 어렵다. 그러므로 국민은 개인으로 깨어나야 하며 개인의 자유라는 인권을 위하여 국가를 성장시켜나가야 한다. 자유 민주주의는 기독교의 핵심인 자유, 생명, 평등(신과 법 앞에), 행복 추구권이라는 인류의 보편적 핵심 가치라는 뿌리에서 자라나기 때문이다.

04

이스라엘 왕정 제도의 특징

04 이스라엘 왕정 제도의 특징

성경 하나님의 말씀은 예수 그리스도를 통한 구속사라는 알레고리(Allegory)를 기둥으로 삼아 천지창조로부터 시작하여 현재에 이르고 예수님이 재림하셔서 이루실 새 하늘과 새 땅의 이야기를 표면적 의미와 이면적 의미를 가지는 하나님의 구속사의 이야기를 역사로 기록해 놓은 책이다. 그리고 하나님의 구속의 역사는 예수 그리스도가 머리가 되시는 교회의 역사를 통해 이루어진다.

그러므로 교회는 하나님의 뜻을 전달하는 통로요 편지다. 예수님이 주인이 되신 교회의 가장 중요한 기능은 예배를 통해 하나님의 마음과 소통하는 장소로서의 역할이다. 모세가 시내산에서 받은 성막 제사 제도 이전에는 족장이나 가장이 단을 쌓아 하나님을 만나는 제사를 드렸다. 그리고 성막이 지어진 이후에는 제사장을 통한 성막 제사가 이어지고 성막 제사는 솔로몬의 예루살렘 성전 건축으로 시작되는 성전 제사로 이어져 남유다 왕국이 무너지고 바벨론 유수 시절 이방 땅인 바벨론에서 성전 제사를 드릴 수 없게 되자 유대인들이 드리기 시작한 다른 제사 형식의 회당 제사로 이어진다.

바벨론에서 돌아온 유대인들의 제일의 사명은 성전을 복원하는 것이었고 느헤미야를 통해 성전이 재건되고 제사장을 정결케 하는 종교 개혁이 일어나지만 예수님이 오셔서 십자가에 드려진 제사 이후 성전의 사명은 그 뜻을 다하여 A.D. 70년 로마에 의해 예루살렘 성전이 무너지고 회당 제사가 오늘날의 교회의 예배 형태를 띠게 되었다.

결국 하나님의 구속사의 주제는 예수 그리스도요 그를 예표하는 성전인 교회이고 교회를 교회되게 하는 주제는 구약에서는 제사장 제도요 현재는 인격적으로 하나님을 만난 각 개인이 성전이 되어 왕 같은 제사장의 역할을 감당하고 이들이 예수의 이름 앞에 함께 모여 눈에 보이는 교회의 사명을 다하여야 하는 것을 상기해야 한다. 그러므로 성경에 나타나는 일과 사건들은 반드시 그 원인과 결과가 있고 그 결과를 통해 하나님은 그의 자녀들에게 교훈을 주신다. 그리고 하나님 말씀의 이야기의 플롯은 권선징악(勸善懲惡)과 신상필벌(信賞必罰)을 통해 인간에게 인과응보(因果應報)의 교훈을 얻게 하시어 인간사에 신앙인으로서의 도덕과 윤리를 이루어 가신다.

구약의 하나님 말씀이 원인이라면 신약의 말씀이 결과이며 시대의 흐름에 따라 원인과 결과를 만들어 내심으로 당신의 뜻을 이 땅에 전하신다. 왜냐하면 하나님의 말씀은 약속이기 때문에 그 원인과 결과가 정확해야 약속을 믿기 때문이다. 예를 들면 아담과 하와의 범죄로 말미암아 인간사에 죄가 들어 왔고 그 죄가 장성하여 죽음에 이르게 되었고 회개하지 않은 인간에 의해 바벨탑이 세워졌고 그 결과로 인류는 전 세계로 흩어져 각각의 나라와 민족을 이루게 되었으며 각각의 나라는 언어의 혼잡으로 다시는 인간이 하나로 뭉쳐 하나님께 도전하지 못하도록 하신 것이다.

그리고 여호와 하나님의 신앙을 지키게 하기 위하여 아브라함을 택하여 이스라엘 민족 공동체를 이루게 하시고 이들을 통해 하나님의 이름을 온 세상에 알리게 하심이 신앙 공동체로서의 이스라엘 민족을 택하시고 나라를 만드신 이유이다. 가장 작은 민족을 택하셔서 가장 강한 나라로 만들어 하나님이 하신 일을 세상에 알리려는 것이다. 현재 중동에서 가장 작은 나라인 이스라엘이 3억 5천 명의 아랍을 상대로 가장 강한 나라가 된 이유가 여기에 있다.

"여호와께서 너희를 기뻐하시고 너희를 택하심은 너희가 다른 민족보다 수효가 많은 연고가 아니라 너희는 모든 민족 중에서 가장 적으니라"(신 7:7).

아브라함에게 약속하신 후손의 약속(창 15:5)은 천 년이 지나 다윗의 아들 솔로몬 때에 비로소 이루어진다(왕상 4:20). 이와 같이 성경의 말씀은 반드시 그 원인과 결과로 이루어지는 말씀의 짝이 있다.

"너희는 여호와의 책을 자세히 읽어보라 이것들이 하나도 빠진 것이 없고 하나도 그 짝이 없는 것이 없으리니 이는 여호와의 입이 이를 명하셨고 그의 신이 이것들을 모으셨음이라"(사 34:16).

지금부터 이스라엘 왕정 제도에 대한 하나님의 신상필벌이 어떻게 전개되는지를 살펴보면서 하나님 말씀이 이루실 역사를 통하여 교훈을 얻고자 한다.

먼저 하나님은 모세를 좇아 출애굽을 한 이스라엘 백성이 40년의 광야 교회 생활을 통해 노예근성을 희석키시고 새 땅에 들어가 새로운 하나님의 역사를 이루어 갈 새 언약 백성이 되기를 원하셨다. 그러나 노예근성에 찌든 인간의 교만은 결국 하나님의 통치하심을 거부하고 세상의 나라들처럼 자신들에게도 왕을 세워 달라고 요구한다. 이런 사실을 미리 모세에게 알려 주신다. 그리고 모세에게 명하셔서 그들의 이러한 요구를 들어 줄 때 반드시 조건을 세워 여호와 신앙의 기반이 흔들리지 않도록 미리 단속을 하신다. 왜냐하면 아무리 왕으로 선택된 특정한 인물이라도 불완전한 인간의 한계를 벗어날 수 없기 때문에 권력이 한 사람에게 집중되는 것을 피하기 위해 왕권과 제사장권을 분리하고 제사장권을 강화하여 이스라엘 백성에게 여호와 신앙의 틀이 무너지지 않도록 더욱 공고히 하도록 계획하신다.

"네가 네 하나님 여호와께서 네게 주시는 땅에 이르러서 그 땅을 얻어 거할 때에 만일 우리도 우리 주위의 열국같이 우리 위에 왕을 세우리라는 뜻이 나거든"(신 17:14).

왕정 제도를 허락하는 조건(신 17:14-20)

하나님은 모세에게 왕정 제도를 허락할 때 다음과 같은 조건을 붙이신다.

∴ 왕의 자격 조건

1. 하나님이 택하신 자: 하나님이 택한 자인 왕은 결국 제사장이나 선지자에 의해 알려진다.
2. 이스라엘의 12지파 중에서: 아브라함을 택하신 이유는 순수한 여호와 신앙을 지키게 하기 위함이다.

∴ 왕의 의무 조건

1. 말을 많이두지 말 것: 중동 지방의 말의 주산지는 이집트이므로 말을 많이 가지게 되면 결국 백성을 이집트로 보내야 하고 말은 당시 군사력의 상징이기에 왕이 하나님을 의지하는 것이 아니라 군대의 힘에 의지하는 교만에 빠지게 된다.

2. 아내를 많이 두지말 것: 왕이 정사에 열중하지 않고 여색에 빠지면 백성이 도탄에 빠지게 된다.
3. 은과 금을 많이 두지 말 것: 왕이 자신의 재산을 늘리기 위해 백성을 착취하게 되고 왕이 하나님보다 국가의 부를 믿고 교만해질 수 있다. 지나친 재물과 여색은 부패 권력의 원인이자 결과다.

∴ 왕의 책무 조건

1. 제사장 앞에 둔 율법서를 등사할 것: 왕이 제사장이 읽어 주는 율법서를 직접 쓰게 하셨다. 제사장 앞에 둔 율법서를 쓰기 위해서는 제사장의 지도 편달을 받아야 한다.
2. 평생 옆에 두고 율법서를 읽을 것: 왕의 절대 권력을 견제할 수 있는 방법은 제사장과 권력을 분배하여 하나님의 말씀에서 벗어나지 않게 하기 위함이다.

이 7가지 조건은 열왕기서와 역대서에 나오는 남북이스라엘 왕들에 대한 평가 기준이 된다. 여기서 우리가 중요하게 봐야 할 부분이 앞으로 세워질 왕과 제사장과의 관계이다. 하나님이 아직 세워지지도 않은 이스라엘 나라에 왕정 제도를 모세에게 언급한 것은 앞으로 세워질 이스라엘 나라는 다른 나라의 왕정 제도와는 사뭇 다른 제도로 언급하고 계시다는 것이다.

왜냐하면 다른 열국들의 왕정 제도는 왕에게 모든 권력이 집중된 절대 권력의 중앙집권적 왕정 제도지만 오늘 모세에게 언급하고 있는 이스라엘 왕정 제도는 이들 나라와 제도적으로 차이가 있다.

권력 분배

그 차이는 바로 권력 분배의 문제다. 하나님이 허락하시는 이스라엘 왕정 제도는 처음 시작부터 왕의 권력을 왕과 제사장에게 분배되어 있다는 것이다. 이 권력 분배의 원칙은 오늘날 현대 정치의 자유 민주주의 정치 제도의 핵심인 삼권 분립의 낮은 단계의 제도라고 볼 수 있다. 이것은 너무나 중요한 점이다. 인류 역사상 인간이 만든 제도는 완벽한 것은 없다. 인류는 역사를 거치면서 좋은 것을 취해 전통을 세우고 지켜나간다. 마찬가지로 여러 가지 정치 제도를 실험하여 오늘날 개인의 인권이 가장 잘 지켜지는 정치 제도가 자유 민주주의 정치 제도이기에 이를 택하였다. 산업 혁명 이후 자본주의에 대한 회의론에 의해 공산주의가 대두되었지만 1917년 소련의 공산주의 혁명은 결국 70년 만에 1989년 동서독을 가로막고 있던 베를린 장벽이 무너지고 1991년 소련 연방이 해체되면서 그 부실함이 여실히 입증되었다.

물론 민주주의 체제의 실험은 고대 그리스로부터 실험되어 왔지만 독립된 개인이 존재하지 않는 민주주의는 성립될 수 없음만을 입증하고 결국 로마 황제 체제로 민주주의는 문을 닫게 되었고 민주주의 체제는 긴 암흑의 터널을 거치며 중세를 넘어 1517년 마틴 루터의 종교 개혁이 일어나기까지 혹한의 긴 겨울의 터널을 지나야 했다. 결국 인류가 실험하고 실천한 정치 제도는 하나님이 이스라엘에게 허락하시면서 왕과 제사장에게 그 권력을 분배하여 이루어진 이스라엘의 왕정 제도로부터 오늘날의 자유 민주주의 제도의 기초의 길이 열렸다고 볼 수 있다. 이것이 모든 길은 성경에 있음을 입증할 수 있는 지울 수 없는 증거다.

왕정 제도를 허락한 사무엘 선지자의 경고

이스라엘이 가나안 땅에 들어가기 직전 모세에 의해 예언되었던 왕을 요구하는 이스라엘의 왕정 제도는 가나안 정착의 400여 년이 지나 마지막 사사 겸 제사장이었던 사무엘 선지자가 늙고 그의 아들들인 요엘과 아비야가 악행을 저지르자 이스라엘 백성들로부터 드디어 왕을 요구하는 소리가 나오기에 이른다.

"그에게 이르되 보소서 당신은 늙고 당신의 아들들은 당신의 행위를 따르지 아니하니 열방과 같이 우리에게 왕을 세워 다스리게 하소서 한지라"(삼상 8:5).

백성들에게 이 말을 들은 사무엘은 백성들을 돌려 보낸 후 하나님께 기도하니 이렇게 말씀하신다.

"여호와께서 사무엘에게 이르시되 백성이 네게 한 말을 다 들으라 그들이 너를 버림이 아니요 나를 버려 자기들의 왕이 되지 못하게 함이니라"(삼상 8:7).

그러면서 하나님은 이스라엘 백성에게 왕의 제도를 허락하시면서 왕정 제도가 백성에게 어떤 제도인지 그 제도의 성격이 무엇인지 엄하게 경계한다. 하나님의 경고에 의하면 왕정 제도는 결국 백성은 왕의 노예로 전락하고 만다는 것이다(삼상 8:11-17).

이런 경고에도 불구하고 이스라엘 백성들은 막무가내로 왕을 요구한다.

"백성이 사무엘의 말을 듣기를 거절하여 가로되 아니로소이다 우리도 우리 왕이 있어야 하리니"(삼상 8:19).

결국 하나님은 사무엘에게 이스라엘에 왕을 세우라고 명하신다. 그들의 소원대로 이스라엘은 이제 하나님이 왕으로 다스리시는 나라가 아니라 세상 나라들처럼 왕이 다스리는 왕정 제도의 나라가 되고 만다.

"여호와께서 사무엘에게 이르시되 그들의 말을 들어 왕을 세우라 하시니 사무엘이 이스라엘 사람들에게 이르되 너희는 각기 성읍으로 돌아가라 하니라"(삼상 8:22).

이스라엘의 초대 왕 사울이 폐위된 이유

사사 시대 말기, 아직은 정치적 체계가 조직화 되지 못한 부족 집단으로부터 체계적인 통일 왕국을 형성해 나가는 과도기적 시점인 B.C. 1050-1010년경을 주 활동 배경으로 베냐민 지파인 기스의 아들 사울이 이스라엘의 초대 왕으로 세워진다. 사사 시대 말기의 이스라엘은 철기로 무장한 강력한 블레셋의 침공을 자주 받고 있었지만 이스라엘 백성들은 이에 대응할 수 있는 가장 확실한 무기인 하나님의 말씀으로 무장하지 못하고 가나안 사람들처럼 모든 사람이 자기의 소견에 옳은 대로 행함으로써 도덕적인 혼란과 신앙적 방종이 난무하게 된다. 바로 그러한 때에 기도의 선지자 사무엘이 이스라엘을 다스리게 됨으로 이스라엘에 당분간 하나님의 평안과 공의가 확립되는 듯 보였다.

그러나 사무엘이 나이 들어 그의 아들들을 사사로 세우자, 이스라엘 백성들은 사무엘의 통치를 거부하고 그들이 보기에 가장 이상적인 제도, 곧 이방 민족과 같이 왕을 세워 줄 것을 요구하는 반역을 일으킨다.

하나님은 이런 이스라엘의 악행 속에서도 사무엘로 하여

금 사울에게 기름을 부어 사울을 이스라엘 통일 왕국의 초대 왕으로 세운다. 그러나 사울은 왕으로 세워진 지 2년 만에 하나님으로부터 버림을 받는다. 그 이유가 무엇일까?

초대 왕 사울의 실수

성경에는 사울의 실수를 아래와 같이 몇 가지로 지적하고 있다.

(1) 하나님이 왕정 제도를 허락하시면서 왕권과 제사장권을 구별하셨음에도 제사장만이 드릴 수 있는 제사를 자신이 직접 드리는 죄를 범하고 말았다(삼상 13:8-13).

(2) 하나님의 뜻은 생각지 않고 자신의 권위로 하나님의 궤를 옮겨 하나님의 말씀보다는 궤를 부적(드라빔)처럼 삼으려 했다(삼상 14:18).

(3) 사울은 마치 자신이 제사장인 것처럼 전쟁 중인 군사들에게 어리석은 금식령을 내림으로 군사들이 전리품으로 취한 짐승의 고기를 피가 묻어있는 채 먹는 죄를 범하게 하였다(삼상 14:24-32).

(4) 아말렉의 모든 소유물을 진멸하라는 하나님의 명령을 듣지 않고 좋은 것을 취하였을 뿐 아니라 하나님께 좋은 것을 드리려 했다는 거짓된 행실을 보였다(삼상 15:6-9).

(5) 아말렉 전쟁에서 승리한 후 하나님께 영광을 돌리는 것이 아니라 자기의 공로를 내세우고자 갈멜에 기념비를 세웠다(

삼상 15:12, 13).

그러나 사울이 범한 어떤 범죄의 경우에도 하나님이 갓 정하신 초대 왕의 왕권을 끊을 정도로 중차대한 죄를 범했다고 단정하기가 쉽지 않다. 물론 죄의 과중을 인간이 판단하기는 어렵다 해도 다윗이 밧세바를 범한 죄악보다 더 중한 죄가 있다고는 볼 수 없다. 그런데 하나님은 사무엘을 통해 당신이 세운 사울 왕을 폐할 것을 명하고 있다. 이 난제를 어떻게 풀어야 하나님의 진정한 뜻을 알 수 있을까?

물론 사무엘이 언급한 믿음과 순종이 제사보다 낫다고 하는 명제로도 이 해답을 얻기에 미흡하다. 사무엘 선지자는 본문 14절에 분명히 말하고 있다.

"여호와께서 왕에게 명하신 바를 왕이 지키지 아니하였으므로"(삼상 13:14).

사무엘이 사울을 왕으로 세우면서 명한 하나님의 명령이 무엇인가?

사무엘 선지자는 미스바 집회에서 사울을 왕으로 세우면서 "나라의 제도"를 백성에게 선포하고 책에 기록하여 여호와 앞에 두도록 하였다(삼상 10:25). 이 제도가 무엇인지를 알아야 한다. 성경에는 이 나라의 제도에 관하여 어떤 형태의 제도인지 분명히 언급하고 있지 않다. 그러나 사무엘이 이스라엘 백성들이 다른 열국과 같이 우리에게도 왕을 달라고 할 때 왕정 제도가 어떤 것인지 말한 부분이 있다.

"가로되 너희를 다스릴 왕의 제도가 이러하니라 그가 너희 아들들을 취하여 그 병거와 … 너희 양떼의 십분 일을 취하리니 너희가 그 종이 될 것이라"(삼상 8:11-17).

결국 이 왕정 제도는 왕은 나라의 주인이 되고 백성은 왕의 노예가 되는 나라 제도라는 것이다. 여기서 사무엘이 언급하고 있는 왕의 제도를 백성에게 선포하고 여호와 앞에 두도록 한 것이 바로 이 내용일까? 이 내용은 왕정 제도에 대한 백성들에게 하는 설명이지 기록하여 보관하는 기록물 자료로는 너무 구어체적 성격이 강하다. 사무엘이 말하는 왕의 제도의 성격이 무엇인지를 백성에게 경고하고 알게 하기 위한 것이다. 그러면 백성에게 선포하고 여호와 앞에 두도록 한 나라의 제도는 무엇일까? 그 해답이 바로 신명기 17장에 기록된 왕정 제도이다.

앞에서 언급한 하나님이 모세에게 미리 알려준 왕정 제도를 허락하되 하나님이 이스라엘 백성들에게 기록하여 여호와 앞에 두라고 한 기록은 바로 하나님이 정하신 이스라엘 왕이 되는 조건이다. 그 기록에 의하면 이스라엘 왕이 되기 위해서는 하나님이 제시한 7가지 조건에 부합해야 한다. 삼상 10:25을 만족시킬 수 있는 기록은 바로 신명기 17장의 하나님의 명령인 것이다.

이 기록은 앞으로 세워질 모든 이스라엘 왕들에게 적용될 조건이요 왕이 될 자격인 것이다. 그러면 하나님이 직접 모세에게 제시한 왕이 취해야 할 자세는 이 기록의 핵심인 하나님 앞에 겸손이다. 이것이 하나님의 명령이다. 이 말을 다른 말로 표현하자면 하나님이 이스라엘 백성이 요구하는 왕정 제도가 마음에 내키지 않지만 이것을 허락하시면서 내비치신 하나님의 속내 마음은 인간의 불완전함을 아시는 하나님이시기에 권력이 사람인 왕에게 집중되면 그 왕은 반드시 타락한다는 것이다. 그래서 왕은 권력자이지만 그의 권력을 제사장에 의해 견제하시겠다는 내용의 경고 메시지를 주신다.

이 경고의 중심이 바로 신명기 17:18-19의 말씀이다.

"그가 왕위에 오르거든 레위 사람 제사장 앞에 보관된 이 율법서를 등사하여 평생에 자기 옆에 두고 읽어서 그 하나님 여호와 경외하기를 배우며 이 율법의 모든 말과 이 규례를 지켜 행할 것이라."

이 말씀에 의하면 이스라엘 왕은 제사장 앞에 있는 율법서를 레위 사람 제사장이 읽어주는 대로 직접 필사하여 자기 곁에 두고 평생 동안 읽어 하나님의 뜻을 깨달아 나라를 다스리라는 것이다. 결국 이스라엘 왕이 되는 자는 모든 권력을 쥐고 있는 권력자인 것 같지만 왕은 반드시 제사장의 가르침을 받게 함으로 권력을 견제받게 하겠다는 것이 하나님이 의도하시는 이스라엘 왕정 제도의 특징인 것이다. 그리고 그 율법서에는 제사법과 언약궤를 어떻게 다루어야 하는지에 관한 기록들이 자세히 있으므로 제사는 제사장에 의해 드려지고 나라 일의 행정은 왕이 다루도록 권력이 분리되게 된다는 것이다. 왜냐하면 하나님의 여호와 신앙이 온전히 지켜지기 위해서는 제사장의 위치가 정확해야 신앙이 변질되지 않기 때문이다. 그만큼 왕정제도에 있어서 왕권도 중요하지만 그와 더불어 신앙 문제에 있어서 제사장 권한을 강화시키려고 하는 것이 하나님의 뜻이었던 것이다.

사울이 왕이 된 지 2년 만에 퇴위를 당할 경고를 받은 이유가 바로 여기에 있다. 사울 왕은 블레셋과 믹마스 전투에서 대결하고 있을 때 사무엘이 정해진 기한에 더디 오자 군인들은 달아나고 블레셋 군대는 기세등등하게 밀려오자 자신이 직접 제사를 집전하고 말았다. 사울은 왕이지만 절대 하지 말아야 할 일을 하고 만 것이다. 왕은 권력자이지만 제사권은 오로지 제사장에게 있다는 하나님의 의도를 알지 못한 것이 화근이었다.

"왕의 나라가 길지 못할 것이라. 여호와께서 왕에게 명하신 바를 왕이 지키지 아니하였으므로 여호와께서 그 마음에 맞는 사람을 구하여 그 백성의 지도자를 삼으셨느니라 하고"(삼상 13:14).

사울 왕의 단 한 번의 실수는 사울 개인의 문제가 아니라 하나님의 구속사의 계획에 정면 도전한 꼴이 되고 말았다. 하나님의 순수 신앙이 유지되기 위해서는 제사장의 역할이 중요하다. 왕이 타락하면 왕권을 교체하면 그만이지만 제사장의 타락은 하나님의 구속사 전체에 영향을 미치게 되기 때문이다.

왕이 권력이 있다고 함부로 제사를 집전하면 왕권도 타락할 뿐 아니라 제사장권이 흔들리게 되어 여호와 신앙의 근본이 흔들릴수 있기 때문에 사울의 실수는 용서 받을 수 없는 죄가 되고 만 것이다. 사울을 이어 왕위에 오른 다윗이 제사장권을 강화하기 위해 제사장 제도를 정비한 이유가 바로 여기에 있다. 다윗은 생애에 두 번의 큰 죄를 저질렀지만 그때마다 하나님의 선지자의 지적에 무릎을 꿇는 겸손함을 보임으로 사울 왕과 대조적인 행보를 보인다.

하나님이 이스라엘에게 허락하신 왕정 제도는 권력 분립의 왕정 제도로 세상 다른 왕정 국가와 다른 제도인 것이다. 하나님의 뜻은 이스라엘에 왕을 세우되 왕의 권력은 반드시 제사장에 의해 견제 받도록 만들어 주신 것이다. 이러한 하나님의 뜻을 망각하고 중세 로마 가톨릭이 세상의 모든 권력을 잡고 휘둘렀던 시대에 세상은 어둠의 나락으로 떨어지고 말았는데 역사는 이를 중세 암흑시대로 규정하고 있다.

현재도 마찬가지다. 하나님은 세상 어디에도 기독교 신정 국가가 세워지는 것을 원치 않으신다. 하나님이 원하시는 것은 신앙의 자유를 부여코자 하시는 것이지 강제로 하나님을 믿게 하는 절대 권력을 불완전한 인간에게 부여하지 않으신다. 만약 처음부터 신정 국가를 만들고자 하셨더라면 아예 인간에게 자유 의지도 부여하지 않으셨을 것이고 선악과를 에덴 동산에 두지도 않으셨을 것이다. 처음부터 이 세상을 창조하지도 않으셨을 터이요 바로 새 하늘과 새 땅인 새 예루살렘으로 직행하게 하면 될 일이다. 그러나 하나님이 인간에게 원하시는 것은 하나님이 주신 자유 의지로 하나님을 신앙하는 믿음이지 강제적 믿음은 하나님이 원하시는 순수한 믿음이 아니다.

    이것이 성경의 핵심 중의 핵심이다. 인간은 반드시 자유 의지로 하나님을 믿고 섬겨야 하며 이 세상을 통과할 때 하나님의 약속을 믿는 믿음으로 살다가 그 믿음의 증표로 하나님의 아들이라는 이름을 얻고 살 때 믿음을 지키기 위하여 수고하며 애쓰다 흘린 눈물로 예수님 앞에 서게 되는 것이다. 그때 예수님은 우리의 이마에 흐른 땀과 눈물을 닦아 주시며 수고했다고 우리를 품에 안아 주실 것이다. 그 아름다운 소망이 있기에 우리는 지금도 삶의 고통을 이기며 믿음을 경주하며 살아가고 있는 것이다.

    성경을 아무리 여러 번 읽고 통달했다 할지라도 사울과 같이 진정한 하나님이 뜻을 깨닫지 못하면 헛수고가 되고 만다. 마치 다윗이 언약궤를 옮기기 위해 새로 공들여 만든 수레처럼 헛일이 되고 베레사 웃사 같은 아까운 인명만 잃게 되는 것이다.

    이스라엘의 초대 왕 사울의 실수는 사울 개인적 실수가 아니라 하나님의 구속사에 도전한 꼴이 되고 말았다. 그래서 하나님이 하시는 일인 성령의 하시는 일을 훼방하는 죄는 절대 용서받지 못한다.

군대 숫자를 계수한 다윗의 죄

하나님은 아브라함을 택하여 믿음의 조상으로, 그리고 그의 후손을 통하여 이스라엘이라는 여호와 신앙의 언약 공동체를 이루게 하셨다. 아브라함으로부터 시작되는 이 언약 공동체는 민족이라는 동질성을 통하여 이스라엘이라는 국가를 건국해 여호와를 믿는 신앙 공동체를 이루게 하셨다. 이스라엘이라는 국가의 존재의 이유는 왕이 있기에 존재하는 것이 아니라 하나님의 뜻인 신앙을 지키게 하기 위하여 하나님은 나라를 세우시고 백성들이 원하는 왕정 제도를 세우셨다. 이는 근대적 국가의 개념과 비슷하다. 근대 이전의 국가 개념은 왕이 존재함으로 국가가 세워지지만 근대적 국가 개념은 국민이 개인의 인권과 행복을 지키기 위해 국가를 만들고 국가는 존재한다. 국민 개인이 국가를 위해 존재한다면 이는 왕정 국가 같은 전체주의적 독재 국가가 되지만 국가가 개인을 위해 존재하면 자유 민주주의 국가가 된다.

구약 시대에 존재하던 모든 나라가 왕에 의해 세워진 왕정 국가인 반면 이스라엘이라는 국가는 왕이 있어 나라가 세워진 것이 아니라 아브라함이라는 씨족이 이삭과 야곱을 거치면서 부족이 되고 이들 부족 국가가 성장하여 나라가 되는 독특한 특징을 가지고 있다. 비록 단 한 번의 선출이었지만 사울이 왕으로 뽑히는 과정(삼상 10:17-21)이 그렇다. 이는 마치 현대적 의미의 국가가 이미 구약 시대에 그 형태를 이루고 있었다는 말과 같다.

이렇게 세워진 이스라엘에 다윗이 사울에 이어 왕이 된다. 초대 왕이었던 사울 시대에는 비록 사울이 왕으로 뽑혔지만 이를 못마땅히 여긴 지파도 있었기 때문에 이스라엘 왕국이 진정한 통일 왕국이 된 것은 다윗 왕 때부터라 할 수 있다. 다윗 왕에 이르러 천 년 전 아브라함에게 약속했던 하나님의 약속이 비로소 이루어진다. 이것이 하나님의 천 년의 약속이다.

다윗은 왕이 되기 위해 험난한 40년의 세월을 보내지만 위대한 통일 왕국을 이룬 40년의 제위 기간도 결코 평탄치 못한 세월을 보내게 된다. 이스라엘 역대 왕 중 가장 큰 업적을 쌓은 왕이지만 그도 죽을 수밖에 없는 불완전한 인간이기에 어쩔 수 없이 실수에 실수를 거듭하고 만다. 다윗이 범한 죄 중 신명기 17장의 기준에 비추어 보면 그는 크게 두 가지 죄를 범하고 있다.

그 첫째는 아내를 많이 두지 말라고 한 경고를 무시하고 충신인 우리아의 아내 밧세바를 범하는 죄를 짓고 만다. 그로 인해 태어난 솔로몬이 왕이 되게 하기 위하여 형제들 간에 피비린내 나는 궁정 암투와 형제의 난이 일어나게 되는 결과를 낳게 된다.

두 번째로 다윗이 지은 큰 죄는 인구(군대) 수를 계수한 것이다. 이는 신명기의 기준으로 보면 왕은 말을 많이 두지 말라는 조건을 어긴 것이다. 오늘날 군대가 최신예 전투기를 몇 대를 보유하고 있는지가 군사력의 상징이듯 구약 시대에는 말은 곧 군대의 힘을 상징했다. 왕이 말을 많이 가지고 있으면 군대의 힘을 믿고 하나님을 의지하지 않기 때문에 이스라엘의 왕은 군대보다 하나님의 힘에 의지해야 함에도 불구하고 다윗은 군대 장관 요압을 시켜서 인구 수를 계수한다는 명목으로 군대의 수를 계수한 것이다.

다윗은 골리앗과의 전쟁에서 "너는 칼과 창과 단창으로 내게 오거니와 나는 만군의 여호와 이름으로 네게 가노라, 전쟁은 여호와께 속한 것"이라고 외쳤던 믿음 있는 겸손한 사람이었다. 그러던 다윗이 이제 통일 왕국을 이루고 주변의 모든 나라들로부터 조공을 받는 막강한 국가가 되자 하나님을 의지하기보다는 군대의 힘을 의지하고 있음을 보여주고 있다. 뿐만 아니라 통일 왕국을 이루었으면 이제 이스라엘 전체를 하나의 국민으로 보아야 함에도 아직도 자기를 따르는 사람에 의존하는 모습을 보이는데 그는 요압에게 인구 수를 계수하라고 명령할 때 이스라엘과 유다의 수를 따로 계수하게 하였다. 이는 다윗이 아직 다른 지파를 믿지 못하고 유다 사람들을 의지하는 계파 정치를 하고 있음을 단적으로 보여주는 예다. 이는 결국 솔로몬의 아들 르호보암 왕 때 이스라엘이 남유다와 북이스라엘로 나뉘는 단초가 되고 만다.

우리는 이 대목을 역으로 생각해 볼 필요가 있다. 결국 다윗은 요압의 경계에도 불구하고 군대의 수(칼을 뺄 수 있는 담대한 자)를 알기 위해 인구 수를 계수하는 방식으로 이스라엘 80만과 유다 사람 50만 도합 군대 수 130만을 계수하고 만다. 그런데 여기서 만약 다윗이 계수한 군사의 수가 적었다면 다윗은 자신의 부족함과 약함을 알고 겸손해 했을 것이다. 그러나 군사의 수가 도합 130만이 되고 보니 이 사실은 도저히 사람의 힘으로 얻는 군사의 수가 아님을 깨닫고 비로소 하나님이 하신 일임을 알고 마음에 자책하는 마음이 들게 된 것이다. 하나님은 그의 조상 아브라함에게 "네 자손의 수가 바닷가의 모래 알처럼 밤하늘의 별들과 같게 하리라 네 씨가 그 대적의 문을 얻으리라"(창 22:17)고 약속하셨다. 그 약속이 이루어진 것인데, 하나님이 하신 일을 자신의 힘으로 한 것처럼 우쭐하여 군사를 계수한 것이 얼마나 교만한 일인지 깨닫게 되었다는 말이다.

다윗은 이 모든 일들을 하나님이 하셨음을 깨닫고 "여호와여 이제 간구하옵나니 종의 죄를 사하여 주옵소서 내가 심히 미련하게 행하였나이다."고 고백한다. 그러나 하나님은 한 번 세우신 기준을 변개치 않으시는 분이다. 하나님이 제일 싫어하는 것이 인간의 교만이다. 아담의 선악과 사건 이래로 니므롯의 바벨탑 사건, 모세가 가나안 땅에 들어가지 못한 이유, 사울의 교만에 이르기까지 인간은 끊임없이 하나님 앞에서 자신을 자랑하다 망하는 불완전한 존재, 에노스라는 사실을 아는 것이 겸손의 시작이다.

이로 인해 다윗은 갓 선지자를 통해 세 가지 벌 중 하나를 택할 것을 명령받는다. 세 가지 중 7년의 기근은 그의 조상 야곱 때 왜 그들이 애굽으로 갔는지를 잘 알고 있는 다윗에게는 절대 피하고 싶은 벌이었을 것이다. 그리고 대적에게 쫓겨 3달을 도망다니는 것은 이미 사울 왕에게, 그리고 그의 아들 압살롬에게 지긋지긋하게 당한 일이라 이것도 선뜻 내키지 않았을 것이다. 80년의 인생에서 쫓기면서 배고픔과 추위와 갈증으로 고생했던 일들을 기억하면 이 벌만큼은 피하고 싶었을 것이다. 그렇다면 남은 한 가지 벌은 3일 동안의 온역이다. 이제 남은 벌, 3일의 온역이라면 날짜도 짧고 당해 봄직한 벌이라 생각했을 것이다. 그러나 그 결과는 혹독했다. 비록 다윗은 안전했는지 모르지만 이 범죄로 인해 단에서 브엘세바까지 전역에서 전염병으로 죽은 백성이 7만이다. 인간의 교만은 결코 하나님 앞에서 용서받을 수 없는 죄다. 인간의 교만이 죄를 불러왔고 그 죄로 인해 인간은 죽을 수밖에 없는 존재(에노스)가 되었기 때문이다.

그리고 하나님은 7만의 백성이 온역으로 죽은 것으로 다윗의 죄에 대한 책임을 다했다고 말씀하지 않으신다. 하나님은 다윗이 천사가 여부스 사람 아라우나의 타작 마당 곁에 서 있는 것을 보게 하셨고 갓 선지자를 통해 천사가 서 있던 아라우나의 타작 마당에서 하나님께 화목제사를 드리게 하였다(이 기사의 해설은 『하나님이 주신 고귀한 선물, 자유』의 책에 소개된 예루살렘 성전 터를 참조할 것).

하나님 앞에 범죄한 인간이 그 죄를 없애기 위해서는 하나님의 마음을 풀어드리는 제사를 지내야 한다. 다윗이 그의 범죄로 인해 죽어야 하지만 하나님은 아라우나의 소를 속죄 제물로 드려 하나님과 다시 화목케 하는 화목제를 드리게 하셨다. 여기에 예배의 중요성이 있다. 우리가 드리는 예배는 내가 지은 죄로 인해 고통받은 사람들(죽은 백성 7만)과 나의 죄를 위해 대신 십자가에 달려 돌아가신 예수님(속제물)께 진실로 감사하는 마음으로 드려져야 한다.

그리고 다윗이 드린 화목제사의 장소가 어디인가를 다시 한번 상기해야 한다. 바로 여부스 사람 아라우나의 타작 마당이다. 다윗이 갓 선지자의 말대로 아라우나에게서 타작 마당과 소와 타작 제구를 은 50세겔을 주고 사서 단을 쌓고 여호와께 화목제를 드렸더니 이스라엘에게 내린 재앙이 그치게 되었다.

왜 아라우나의 타작 마당인가? 타작 마당은 봄에 뿌린 곡식을 가을에 거두어 타작하는 곳이다. 타작은 알곡과 쭉정이를 분리하는 곳이다. 잘 익은 알곡은 자루 부대에 담아 곡간에 들이고 쭉정이는 불로 태우거나 가축의 분료를 섞어 퇴비로 만든다. 바로 알곡은 천국 창고로 옮겨지지만 쭉정이는 지옥 불에 태워지고 만다는 사실을 상징하는 장소가 타작 마당이다.

그리고 아라우나의 타작 마당은 바로 아브라함이 독자 이삭을 번제로 드리려고 단을 쌓았던 곳으로 예루살렘 성전의 터가 되는 곳이다.

"솔로몬이 예루살렘 모리아 산에 여호와의 전 건축하기를 시작하니 그곳은 전에 여호와께서 그 아비 다윗에게 나타난 곳이요 여부스 사람 오르난의 타작 마당에 다윗이 정한 곳이라"(대하 3:1).

성전의 터는 결코 공짜로 주어지는 것이 아니다. 성전이 세워지기까지 하나님은 이미 천 년 전에 믿음의 조상 아브라함으로 하여금 지극히 높으신 하나님의 제사장 살렘 왕 멜기세덱을 찾아가 떡과 포도주로 대접하도록 하셨다. 이 떡과 포도주는 하나님이 우리에게 선물로 주신 예수 그리스도를 상징하는 것으로 예수님이 베푸신 최후의 만찬의 예표다. 그리고 아브라함은 그가 얻은 것에서 십분의 일을 멜기세덱에게 드렸던 그곳이 현재의 예루살렘이요 아브라함이 그의 아들 이삭을 바침으로 그의 믿음을 하나님께 다시 확인해 드린 모리아 산이다.

예루살렘 성전은 하루 아침에 세워진 것이 아니다. 하나님은 성전의 의미를 가장 잘 사람들에게 알려주시기 위해 이미 천 년 전부터 계획하신 것이다. 그 이유는 성전은 곧 교회의 머리가 되시는 예수 그리스도를 예표하는 곳이요 천국에 이르게 하는 새 예루살렘을 의미하는 곳이기 때문이다.

누가 다윗의 마음을 격동시켰는가?

아브라함과 살렘 왕 멜기세덱 → 이삭과 모리아 산 → 다윗과 아라우나의 타작 마당 = 예루살렘 성전.

예루살렘 성전 → 예수 그리스도의 모형 → 교회의 머리 되신 예수 그리스도 → 교회 = 새 예루살렘.

위의 도식이 신앙 속에 그려지면 또 다른 문제가 해결된다. 그 문제는 다음의 성경 구절에 나타난 누가 다윗의 마음을 격동시켰냐는 문제이다.

"여호와께서 다시 이스라엘을 향하여 진노하사 저희를 치시려고 다윗을 감동시키사 가서 이스라엘과 유다의 인구를 조사하라 하신지라"(삼하 24:1).

"사단이 일어나 이스라엘을 대적하고 다윗을 격동하여 이스라엘을 계수하게 하니라"(대상 21:1).

이 두 절에 의하면 사무엘하에서는 다윗으로 하여금 이스라엘의 숫자를 세게 하신 분은 하나님이고 역대상에서는 사단이 다윗을 격동하였다고 기록하고 있다. 어떤 기록이 맞는 것일까?

먼저 각 책의 저자에 대하여 알아보면 사무엘서는 사무엘 선지자에 의해 기록되었다고 탈무드에는 기록되어 있지만 저자는 사실상 익명으로 알려져 있고 사무엘에 관한 역사와 선지자 나단과 갓의 이야기를 토대로 구성된 기록물이라고 알려져 있다. 그리고 역대상하는 B.C. 450년경 제사장 에스라에 의해 유다 왕국 중심으로 기록되었고 기록 목적은 역사는 하나님의 영광을 드러내는 것이기에 역대 왕들의 공과를 그 기준에 맞춰 기록했다고 볼 수 있다. 그렇다면 사무엘서를 기록한 저자의 관점과 역대서를 기록한 에스라의 기록 관점이 다를 수 있다.

사무엘서를 기록한 사람의 관점은 하나님의 구속사를 중심으로 성경 전체를 총괄하는 관점에서 객관적으로 기록하였다고 볼 수 있고 역대서를 기록한 기록자는 각각의 왕들의 사적을 주관적으로 평가한 기록물이라고 볼 수 있다.

이런 관점에서 보면 사무엘서에 나타난 다윗의 마음을 격동한시킨 분은 하나님이라고 볼 수 있다. 이런 기록은 창세기 34장의 야곱의 딸 디나가 강간 당하는 사건을 통해서도 볼 수 있다. 왜냐하면 야곱이 평생의 숙원이었던 형 에서와의 화해 문제가 해결되자 에서는 세일로 가고 자신은 숙곳으로 가서 안주해 버리고 말았다. 그의 마음이 얼마나 편안해졌으면 숙곳에 단을 쌓고 그 이름을 "엘엘로헤이스라엘"이라고 불렀을까. 이를 해석하면 "하나님 곧 이스라엘의 하나님"이라는 뜻이다. 야곱의 이런 행위는 김칫국을 먼저 마신 것이다. 왜냐하면 하나님은 얍복 강가에서 야곱에게 이스라엘이라는 새 이름을 주셨지만 한 번도 야곱을 이스라엘이라고 부르지 않았다. 그 이유는 야곱이 하나님께 서원한 약속을 이행하지 않았기 때문이다.

야곱이 숙곳에 안주해 버리고 하나님과의 벧엘에서의 약

속을 지키지 않자 하나님은 야곱을 깨우시기 위하여 디나가 강간 당하는 사건을 일으키신다. 야곱의 아들들이 하몰의 자식들을 죽이는 피의 보복전이 일어나자 하나님께서 급히 야곱을 깨우사 벧엘로 부르신다. 자칫하면 주변의 하몰 자손과 동맹해 있던 사면 고을들이 연합하여 야곱의 가족을 몰살시킬 위험에 직면해 있었기 때문이다. 이러한 급박한 상황이 창세기 34장 말미와 35장 5절에 그대로 기록되어 있다.

"그들이 발행하였으나 하나님이 그 사면 고을들로 크게 두려워하게 하신 고로 야곱의 아들들을 추격하는 자가 없었더라."

절체절명의 위기에서 살아난 야곱은 그제서야 하나님의 뜻을 깨닫고 루스 땅으로 가서 단을 쌓고 하나님과의 서원의 약속을 이행하자 하나님은 비로소 야곱의 이름을 이스라엘이라고 부르신다.

"야곱이 밧단아람에서 돌아오매 하나님이 다시 야곱에게 나타나사 그에게 복을 주시고 그에게 이르시되 네 이름이 야곱이다마는 네 이름을 다시는 야곱이라 부르지 않겠고 이스라엘이 네 이름이 되리라 하시고 그가 그의 이름을 이스라엘이라 부르시고"(창 35:9, 10).

하나님은 당신의 뜻을 이루시기 위하여 당신이 택하신 사명자가 움직이지 않고 잠잠할 때 그의 마음을 격동시키신다. 다윗이 통일 왕국을 이루고 평안에 빠져 영적인 잠을 자려고 할 때쯤 야곱에게 행했던 것처럼 다윗의 마음을 격동시키셨던 것이다. 왜냐하면 예루살렘 성전 터를 마련하기 위해서는 아라우나의 타작 마당이 필요했기 때문이다. 하필이면 여부스 사람 아라우나가 아브라함이 이삭을 바치기 위해 번제단을 쌓았던 곳을 타작 마당으로 소유하고 있었기 때문이다.

그런 의미에서 사무엘서에서는 다윗의 마음을 격동시킨 분을 하나님으로 기록하고 있으며 역대서에서는 사람을 고소하고 속이고 파멸의 길로 인도하는 자는 사단인데 이를 하나님이 심판의 도구 또는 연단의 도구로 허용하고 있다는 포로기 이후 유대교 사상의 틀 속에서 다윗이 사단의 유혹을 받았다고 역대서가 기록하고 있음을 볼 수 있다. 이는 욥의 믿음을 시험하시기 위하여 하나님이 사단을 이용하시는 것과 같은 맥락이다.

그러므로 하나님은 다윗이 그렇게도 짓고 싶어 한 성전 건축을 허락하지는 않으셨지만 다윗을 통하여 가장 중요한 성전 터를 준비하시기 위하여 다윗의 마음을 움직이셨다고 볼 수 있다. 하나님은 당신의 뜻을 이루기 위하여 사람의 마음을 움직이신다. 때로는 칭찬과 달램으로, 때로는 격동과 화내심으로 잠자는 자를 깨워 당신의 뜻을 이루신다. 앞으로 신약에서 이루어질 메시아 예수 그리스도를 예표하는 구약의 성전 건축은 너무 중요한 구속사적 사역이기 때문이다. 그리고 예루살렘 성전은 예수 그리스도를 통한 현재의 교회를 의미하는 것이기에 아브라함과 멜기세덱, 이삭과 모리아 산, 다윗과 아라우나의 타작 마당의 사건을 통해 오늘날 교회의 의미와 예배가 무엇인지를 알게 하시는 것이다.

하나님의 구속사는 곧 기독교의 살아 있는 역사(His Story)다. 그 역사의 주인공은 바로 예수 그리스도시다. 구약 시대에 예수 그리스도를 예표하는 것이 예루살렘 성전이다. 그런 예루살렘 성전이 본연의 성전 목적대로 쓰이지 않고 장사치들의 시장터로 강도의 소굴이 되었으니 예수님이 왜 그렇게도 성전을 정화하는 열심을 보이셨는지 잘 알 수 있다.

다윗이 정비한 제사장 제도

모세 이전 시대의 히브리 사회에는 제사장 제도가 존재하지 않았다. 하지만 당시에도 제사 의식은 계속 수행되고 있었는데 그 임무는 고대의 족장들의 몫이었다. 다시 말해서 가장이 제사장의 임무를 담당했다고 볼 수 있다. 히브리 사회에서 제사장 제도가 정식으로 시작된 것은 모세 시대에 하나님과 이스라엘의 시내산 언약 체결 이후이다. 모세는 하나님의 지시에 따라 아론과 그의 네 아들을 성별하여 제사장직에 위임하였다. 그래서 제사장직이 탄생하게 되었는데 그 이후 제사장의 직무는 아론의 후손들에게 계속 위임되었다(출 28:1). 사사 시대에는 정치적, 경제적, 사회적 혼란이 계속 됨으로 인하여 모세의 율법에 따른 제사장 제도조차 올바르게 시행되지 않았다. 사사 시대의 이스라엘의 신앙적 혼란은 바로 제사장 제도의 질서가 무너지면서부터 시작되었다.

이런 가운데 다윗이 국가를 안정시키고 성전 건축을 준비하면서 성전을 관리할 제사장 제도의 정비가 시급한 과제가 되었다.

제사장의 24반열 조직

다윗은 성전 건축 준비와 함께 성직에 임할 레위 사람들을 분류하면서, 제사장들을 24반열로 조직하였다. 당시 아론의 아들인 엘르아살 자손이 이다말의 자손보다 많아서 엘르아살 가문에서 16족장, 이다말 가문에서 8족장이 뽑혀 도합 24족장으로 24반열의 우두머리가 되게 하였고(대상 24:4) 제사장들을 24반차로 나누어 자기 순서가 되면 1년에 보름씩 제사장 직무를 수행하도록 제사장 제도를 정비하였다.

제사장 직무

1) 광야 시대와 가나안 정착 시대

제사장 제도는 성막이 세워지면서 성막 제사를 드리게 됨으로 당연히 제사를 집전하고 성구를 다루는 제사장 제도가 마련되게 되었다. 모세는 출애굽의 지도자로서 특별한 제사장이었다(출 24:5-8; 출 25:22; 민 17:7-8). 이에 따라 모세는 하나님의 명령에 의해 아론과 그 자손들을 제사장으로 세우고 제도화하였다(출 28:1 이하).

가나안에 입성할 때 제사장들의 역할은 뚜렷하였다. 그들은 법궤를 메었고(수 3:3; 8:33), 백성들은 법궤를 따라 행진해 나갔기 때문이다. 그러나 가나안 정착 시기 동안에는 레위인들과 제사장의 구별은 명확했지만(수 21:3-7) 사사 시대에는 신앙의 무질서로 제사장의 규례가 깨어지고, 성직자들이 사명감보다는 직업군으로 분류되면서 타락의 시대로 접어들게 되었다(삿 17:5, 10; 18:19-20). 이런 타락상은 사사 시대 후기 대제사장이었던 엘리의 아들 홉니와 비느하스의 죄악으로 하나님께 저주를 받아 블레셋과의 전쟁에서 죽임을 당하고, 언약궤를 빼앗기는 사건으로 당시의 신앙의 상태를 적나라하게 보여준다(삼상 1:3; 2:12-17, 22; 4:17-18).

2) 통일 왕국 시대

사울이 이스라엘의 초대 왕이 되었지만 사사 시대의 틀을 벗지 못하였다. 이러한 환경이 사울이 함부로 제사를 집전하면서도 잘못을 깨닫지 못하고 폐위를 당하는 배경이 된 것이다. 사울에 이어 왕위에 오른 다윗의 꿈은 하나님을 위한 집, 곧 성전 건축이었다. 그리고 하나님은 다윗에게 성전 건축을 위한 사명을 계속 불어 넣으셨고 다윗이 진정한 통일 왕국을 이루고 힘과 세력이 커지면 커질수록 성전 건축을 위한 꿈과 계획도 커질 수밖에 없었다. 이 성전을 향한 다윗의 계획 속에 성전 제사를 집전하고 성전을 관리할 제사장 제도를 정비하는 것은 당연한 일이었을 것이다. 그런 의미에서 다윗은 예루살렘 성전의 터가 될 아라우나의 타작 마당을 구입하고 하나님께 화목제를 드린 후 바로 제사장 제도를 정비하게 된 것이다.

다윗 왕 시대에는 대제사장이 둘이 있었는데, 아론의 두 아들, 나답과 아비후가 불에 타 죽고 셋째 아들 엘르아살 후손의 사독과 이다말 후손의 아비아달이다. 아비아달은 다윗의 아들 아도니야의 반역에 가담한 죄로, 솔로몬 왕에 의해 대제사장직에서 쫓겨났다. 그 후 대제사장직은 엘르아살 계열 사독의 후손들이 독점하게 되었고 사독의 이름으로부터 제사장 계열의 사두개인들이 나오게 되었다.

솔로몬 왕은 예루살렘 성전을 완성했다. 이에 제사장들은 여호와의 언약궤를 정해진 처소로 메어 들였고, 제사장이 성소에서 나올 때에 구름과 여호와의 영광이 성전에 가득했다고 성경은 기록하고 있다. 성전 건축의 의미는 제사장 제도가 더욱 공고해졌다는 것을 의미한다.

3) 분열 왕국 시대(남유다와 북이스라엘)

솔로몬이 죽고 그의 아들 르호보암이 왕위에 오르자 솔로몬에게 반기를 들다 애굽으로 도망했던 여로보암이 백성에게 지운 고역과 무거운 멍에를 가볍게 할 것을 요구하기에 이르렀다. 이 요구를 들은 르호보암이 노신하들의 의견을 듣지 않고 함께 자란 젊은 신하들의 의견대로 백성들의 노역을 더 무겁게 하였다. 이에 반기를 든 여로보암이 유다와 베냐민 지파를 제외한 10지파를 모아 북이스라엘 왕국을 세우자 이스라엘 통일 왕국은 남유다와 북이스라엘로 나뉘는 분열 왕국이 시작되었다.

르호보암의 남유다는 신앙과 정치의 중심지인 예루살렘이 있었으나 북이스라엘은 신앙의 중심을 잃고 백성들이 예루살렘 성전을 순례하자 여로보암 왕은 벧엘과 단에 금송아지를 만들고(왕상 12:26-30), 레위 자손이 아닌 보통 백성으로 제사장을 삼았으며(왕상 12:31; 13:33; 대하 13:9), 사울 왕처럼 제사장이 아닌 자기가 직접 분향하는 죄까지 저지르고 말았다(왕상 13:1). 결국 북이스라엘 왕국은 신앙의 중심과 제사장 제도가 붕괴되면서 19대 호세아 왕 때에 앗수르에 의해 B.C. 722년 멸망당하고 만다. 그리고 앗수르의 혼혈 정책에 의해 북이스라엘은 이방인들과 혼합되어 사는 지역으로 변하고 말았다. 앗수르는 바벨론과 구다와 아와와 하맛과 스발와임에서 사람을 옮겨다가 이스라엘 자손을 대신하여 사마리아 여러 성읍에 거주하게 만들었다(왕하 17:24). 포로로 끌려간 이스라엘, 그리고 남아있는 이스라엘은 이제 이방 민족과 합쳐진 혼혈 민족이 되고 말았다. 이것이 예수님 당시 저주의 땅 '사마리아인'의 탄생의 계기가 되었다.

종교 개혁의 핵심

북이스라엘 왕국과는 대조적으로 남유다에서는 예루살렘 성전을 중심으로 제사장 규례가 잘 유지되었다. 특히 히스기야 왕과 요시야 왕의 종교 개혁은 제사장 제도를 정비하는 데 그 중심이 되었다.

∴ **히스기야 왕의 종교 개혁** : 종교 개혁을 단행하고 성전 제사 제도와 제사장 및 레위인의 조직을 재정비하였으며, 제사장과 레위인들이 직무에 충실할 수 있도록 지성물로 생계를 보장해주었다(대하 31:4-19). 지성물의 올바른 분배를 위하여 족보 관리를 철저히 하도록 하여 제사장 직분의 명맥을 공고히 하였다(대하 31:16-19).

∴ **요시야 왕의 종교 개혁** : 성전 수리 중 율법책을 발견하여 모든 백성과 함께 언약을 세우고 철저한 종교 개혁을 단행하였다(왕하 22:3-5; 23:1-9). 특히, 우상 숭배에 가담한 제사장들을 파면하고 징계하는 데 역점을 두고 제사장 제도를 정비하였다(왕하 23:5, 8-9). 뿐만 아니라 사사 시대부터 사라진 유월절을 부활시키는 종교적 대혁신을 이루었다(왕하 23:22-23).

구약과 신약 시대를 거쳐 1517년 마틴 루터의 종교 개혁이 일어난 근본 목적은 종교 지도자를 정결케 하는 것이 목적이었다. 다윗의 제사장 제도 정비, 히스기야 왕의 종교 개혁, 요시야 왕의 종교 개혁, 포로 귀환 후 이루어진 에스라의 종교 개혁의 본질은 제사장 즉 종교 지도자들을 성결케 하는 것이 종교 개혁이었음을 잊지 말아야 한다. 루터의 종교 개혁의 대상이 일반 백성이 아닌 로마 교황을 중심으로 한 사제들을 성경의 말씀으로 되돌리는 것이 종교 개혁의 핵심 중의 핵심이었다. 이는 현재도 마찬가지다. 세상의 타락이 백성들의 타락이 아니라 종교 지도자 즉 목회자들의 타락이 교회 타락의 원인이라는 사실을 기억해야 한다.

4) 바벨론 포로 시대

B.C. 586년 남유다가 망한 이후 바벨론 포로 기간 중 제사장 조직은 심각하게 무너졌는데 그 이유는 예루살렘 성전이 무너졌기 때문이다. 그러나 예루살렘 성전 제사를 지내던 이들이 하나님이 계시는 예루살렘 성전이 처참하게 무너지는 것을 눈앞에서 목도하면서 이스라엘 백성에게 하나님은 예루살렘 성전에만 갇혀 있는 하나님이 아니라 온 우주에 편만하게 계시는 하나님임을 깨닫게 되는 신앙적 반성이 일어난다. 이러한 상황에서 포로 생활을 하는 유대인들은 성전을 대신해 회당에서 모여 율법을 강론하고 시편을 낭독하면서 현재 교회 예배의 전신

인 회당 예배가 시작되는 계기를 마련한다.

이러한 회당의 출현은 유대교 역사에 큰 변화를 가져오게 되었는데 회당은 종교의식에 있어서 전적으로 새로운 개념을 만들어 냈다. 바벨론에서 예루살렘 성전 제사를 더 이상 드릴 수 없게 되었기 때문에 하나님을 섬기는 방법으로서 그때까지 핵심을 이루고 있었던 희생제사 행위 대신 기도와 종교적인 학습과 말씀 강론으로 제사 행위를 대체한 것이다. 공동체를 대표해 공적인 종교의식을 집행하는 것은 이제 더 이상 제사장의 전유물이 아니라 종교의식이 모든 이에게 개방되게 된 것이다. 공적인 종교의식의 성격에도 극적인 변화를 가져오게 되었는데 이제 종교의식에 참여하는 사람들은 성전에서처럼 종교의식이 거행되는 곳에서 멀리 떨어져 바깥뜰에 머물러 있지 않아도 되었고, 모두가 직접 종교의식을 이끌어 가는 예배의 주체로 참여하게 된 것이다. 게다가 회당은 성전처럼 어떤 한 특정 장소에 국한되지 않고 필요한 곳이면 어디든 회당을 지을 정도로 보편적인 기구로 자리 매김하게 되었다.

회당(Synagog)이라는 말은 '함께 모이다' 라는 뜻의 synagein에서 유래된 말이며, 회당의 전통적인 기능은 그것이 갖고 있는 3가지 히브리어 이름인 베트 하테필라(기도하는 집), 베트 하크네세트(집회하는 집), 베트 하미드라시(학습하는 집)이다. 이 회당 제도가 생긴 후에 새롭게 생긴 직제가 있는데, 그것은 소위 '서기관'(Scribe) 또는 '율법사'라는 랍비들이다. 이들이 처음에는 성경을 복사하는 일을 하였으나, 차츰 성경 연구와 해석을 하는 일까지 하게 되었다. 이 당시 회당 예배 시대를 통하여 유대교의 기틀을 갖추게 되었다.

5) 포로 귀환 후

① **이스라엘의 귀환**(스 1:1-3)

이스라엘이 하나님께 불순종한 이유로 바벨론에 의해 포로로 잡혀갔으나 예레미야 선지자의 예언대로 하나님께서는 바사 왕 고레스의 마음을 감동시켜 포로 석방의 조서를 내려 이스라엘 백성들이 고국으로 돌아가도록 허락했다.

"나 여호와가 말하노라 내가 너희에게 만나지겠고 너희는 포로 된 중에서 다시 돌아오게 하되 내가 쫓아 보내었던 열방과 모든 곳에서 모아 사로잡혀 떠나게 하던 본 곳으로 돌아오게 하리라 여호와의 말이니라 하셨느니라"(렘 29:14).

포로 귀환은 모두 세 차례나 계속되었다.

1차는 스룹바벨의 인도를 받아 약 4만 명이 귀환하였고 이들이 제일 먼저 한 일은 무너진 성전을 재건하는 것이었다. 그러나 성전 재건에 사마리아 사람들도 참여하는 문제의 방해로 인해 성전 건축이 16년 동안이나 중단되었다가, 2차로 귀환한 아닥사스다 왕의 신임을 두텁게 받고 있던 제사장 겸 학사인 에스라에 의해 성전이 재건되었다. 그 성전을 가리켜 스룹바벨

성전이라 부른다.

2차는 고레스 왕 때부터 신임을 받던 에스라의 인도로 귀환하게 되었다. 에스라의 아버지는 스가랴로 사독 계열의 제사장이므로 에스라 또한 제사장이었다. 특이한 것은 에스라는 율법에 정통한 학자요 제사장이었기에 이스라엘의 귀환 포로들에게 말씀으로 신앙적 개혁 운동을 촉구하며 율법에 근거하여 말씀을 경청하고 순종할 것을 주장하였다.

3차는 탁월한 행정력과 조직력을 갖춘 느헤미야의 인도로 귀환 후 예루살렘 성벽 재건과 신앙 부흥을 위해 진력하였다. 느헤미야는 제사장이었던 에스라와 협력하여 남은 자들의 영적 부흥에 혼신의 노력을 다하였다. 느헤미야의 지도력으로 많은 사람들이 수문 앞 광장에 모였고 새벽부터 정오까지 대사경회가 열리게 되었는데 이때 강사가 에스라였다. 에스라에 이어 느헤미야는 성벽을 보수하는 한편 성전을 성결케 하고 안식일 준수를 강조하며 이방인과의 통혼을 금지하는 가정 성결 운동을 전개하여 영적 부흥 운동을 일으켰다

포로 귀환 후 성전이 재건되면서 다윗 시대와 같은 성전 제사 제도의 회복과 제사장과 레위인의 반열이 회복되었으며(스 6:18), 제사장의 족보가 정리되었다(스 2:61-63; 느 7:63-65). 특히 에스라는 2차 포로 귀환 후 이방 여인과 결혼한 제사장 명단을 공개함으로써 제사장 족보를 성별시켰다(스 10:18-22). 그러나 세월이 지나면서 제사장 제도는 극심하게 타락되어 차

즘 정치적 집단화의 양상으로 변질되어 갔다(말 2:7-8).

6) 신구약 중간 시대

신구약 중간기(Inter-testamental Period)는 대략 B.C. 400-500년 혹은 B.C. 400-100년 사이로 바벨론 포로 시대(말라기서)부터 신약 성경이 완성된 시기까지 약 400년의 기간을 말한다. 즉 연대적으로 성경의 말라기와 신약 성경이 기록된 시점 중간에 약 400여 년의 시간이 존재하는데 이 기간을 중간기(Inter-testamental Period)라고 부르며 구속사적 시각으로 보면 하나님의 말씀이 없는 시기로 "암흑기"나 "침묵기"라고 알려져 있다. 그러나 이 중간기는 신약과 구약을 연결짓는 고리 역할을 하고 있으므로 성경을 이해하는 데 아주 중요한 시기이다.

① 헬라 시대(B.C. 332-142년)

그리스 제국의 등장으로 말미암아 지중해 일대의 세력 판도는 엄청난 변화를 겪게 된다. 먼저 그 주인공인 알렉산더 대왕의 아버지 필립 2세는 페르시아를 공격하려다 암살당하고 만다. 그리고 아버지의 뒤를 이어 21세의 젊은 나이로 왕으로 등극한 알렉산더 대왕은 마케도니아를 정복하고 결국 페르시아 제국을 멸망시켰다.

이러한 알렉산더 대왕의 패권은 지중해 일대를 헬라 문화화하는 데 크게 공헌을 하게 된다. 즉 알렉산더 대왕은 가는 곳곳마다 헬레니즘 문화와 헬라(그리스)어를 보급하게 되는데, 신약 성경이 헬라어로 기록 되는 일과 이스라엘과 지중해 곳곳에 헬라식 건축 양식이나 헬라식 문화의 흔적을 볼 수 있는 것은 바로 이러한 역사적 배경을 갖고 있기 때문이다. 하지만 지중해 지역과 소아시아 일대를 평정한 알렉산더 대왕도 32세의 젊은 나이로 운명을 달리하고 그리스 제국은 결국 분열의 길로 들어서게 된다.

헬라 제국은 알렉산더 대왕의 부하들이 영토를 나누면서 크게 세 나라로 분열되는데, 먼저 이집트를 중심으로 한 프톨레미 왕조와, 시리아를 중심으로 한 셀류쿠스 왕조, 그리고 마게도냐를 중심으로 한 안티고노스 왕조가 세우는 나라로 각각 나뉘게 된다.

유대 지방은 프톨레미 왕조에 의해 다스려지게 되는데(B.C. 301-198년) 이들은 유대인들을 대체로 유화적으로 다스렸다. 이러한 온건책으로 인해 디아스포라(Diaspora)가 이루어졌다. 즉 비교적 잘 발달된 이집트의 알렉산드리아로 많은 유대인들이 이주하여 갔다. 그 영향으로 결국 헬라어 구약 성경 "70인역"이 번역되게 된 것이다. 즉 프톨레미 2세의 요청으로 히브리어로 된 구약 성경을 알렉산드리아에 살고 있던 헬라-유대인들을 위하여 헬라어(그리스어)로 번역하게 된 것이다.

이후 유대 지방은 다시 셀류쿠스 왕조의 지배(B.C. 198-142년)를 받게 되는데 셀류쿠스 왕국의 안티오커스 3세는 프톨레미 왕국을 격파하고 팔레스타인을 실질적으로 지배하게 된다. 그의 후계자 안티오커스 4세는 유대인들이 결코 잊어버릴 수 없을 정도로 잔혹한 인물로, 별명이 에피파네스("God Manifested" 신의 현현)일 정도로 유대인들에게는 최악의 위협적인 존재였다.

이 안티오커스 4세는 헬레니즘을 전파하기 위해 유대교 말살 정책을 폈는데 우선 레위기에 나오는 희생제사 대신, 유대인들이 가장 불결하게 여기는 돼지 피로 제사토록 강요하였다. 또한 유대 종교의 중심지인 성전을 훼파하고 성전의 한 복판에 주피터 신상을 세웠을 뿐만 아니라 이스라엘 지방 곳곳에 자신의 얼굴을 신상으로 세웠다. 한편 율법을 폐지하였고 성경 사본을 파괴하였으며, 안식일과 할례를 폐지했다. 이러한 신앙적 핍박과 시대적 배경하에 "부활과 영생" 사상이 발달하게 된 것이다.

② 마카비 혁명

이런 안티오커스 4세의 폭정에 항거하기 위하여 B.C. 167-142년 마카비 혁명이 일어났다. 이 민중 봉기는 모데인(Modein)이라는 곳의 유대인 제사장 맛디아에 의하여 시작되었다. 제사장이며 용감한 애국자였던 맛디아는 네 명의 아들들과 함께 안티오커스 4세가 유대인들이 돼지 피로 희생제사를 드리는지를 감독하기 위해 보낸 사신을 다 죽이고 산 속으로 피신하여, 이미 피신한 추종자들과 합류하여 시리아 군인들을 상대로 반란을 일으켰다.

외경인 마카비 2서 14:6에 이 유대 반란자들을 지칭하는 이름이 나오는데 그 명칭이 "핫시딤"(Hasidim, 경건한 사람들이라는 뜻)으로, 핫시딤은 아직까지 유대인들의 한 종파의 이름으로 사용되고 있다.

맛디아가 죽은 후에는 유다 마카비(Judas Maccabean)가 등장하는데 그는 게릴라 전투의 명수로 B.C. 165년 엠마오 전투를 승리로 이끌고 예루살렘에 입성하게 된다. 예루살렘 회복 후 그가 첫 번째로 한 일은 안티오커스에 의해서 더럽혀진 성전을 성결케 하고, 성전을 여호와께 다시 봉헌한 것이다(B.C. 164). 안티오커스의 박해 시절 한 유대인이 Napten(성전의 불)을 꺼뜨리지 않고 살려두었다가 마카비가 성전을 회복하자 그 불로 성전을 다시 밝히게 되었는데, 이 날을 기념하는 것이 바로 기독교의 성탄절과 비슷한 시기인 유대교의 하누카(수전절 Hanukkah, The Day of Purification)다.

마카비는 이후 시리아 사람들과 협상하는 과정에서 끝까지 투쟁하려 하였지만 반대파 유대인들의 지지를 받지 못하고 전투에서 전사하고 그의 투쟁 덕에 유대인들은 종교적 자유를 얻게 된다. 즉, 성전을 다시 회복함으로써 하나님께 희생제사를 드릴 수 있게 된 것이다.

마카비에게는 요나단(B.C. 152-142)이라는 동생이 있었는데, 그는 탁월한 외교 능력으로 유대 총독이 되었다. 총독이 된 요나단 마카비는 자기 자신을 대제사장에 임명하게 된다. 레위인이 아닌 사람이 제사장이 될 수 없다는 레위기서의 말씀에 따라 이에 대해 강력하게 반대하는 그룹이 형성되었는데 그 사람들이 곧 에세네파로, 세례 요한이 바로 에세네파에 속한 인물이다.

결국 이로 인해 요나단 마카비는 유대인들이 가장 혐오하는 사람 중의 하나가 되었다가 결국 발라스라는 추종자에 의해서 죽임을 당하는데, 그로부터 정통 대제사장이 아니라 불법 대제사장이 나오는 제사장 제도의 타락이 시작되었다. 그가 대제사장에 스스로 임명될 당시에도 정통 대제사장의 계열인 사독 계열의 제사장 오니아스(Onias)가 존재해 있었다.

이런 와중에도 로마의 통치가 있기 전까지 이스라엘 땅에도 독립이 찾아오는데 이 독립 기간(B.C. 142-63)을 헤스모니안이라고 일컫는다. 헤스모님이라는 말의 원래 의미는 제사장 맛디아의 가족을 일컬었으나, 후에 유대인의 독립 시대를 말할 때 사용되는 용어가 되었다.

유다 마카비의 마지막 동생이었던 시므온(B.C. 142-135)도 대제사장 겸 총독으로 취임하게 되는데 이후 시리아에 내분(Civil War)이 일어나 시리아인들이 팔레스타인 지방에서 물러나자 이스라엘은 정치적 안정기를 맞게 된다. 바야흐로 이때부터 유대인의 자치 시대가 도래하였다고 말할 수 있는데 이 자치 시대는 B.C. 63년까지 계속되었다. 즉 종교적 자유는 유다 마카비에 의해, 정치적 자유는 시므온 마카비에 의해서 이뤄지게 된 것이다.

이후 존 히르카누스(John Hyracanus, B.C. 135-104)가 시리아군을 팔레스타인 땅에서 몰아내고 사마리아(Samaria)와 이두매(Idumea)를 통합하게 된다. 그는 이두매인들을 핍박하였는데 이로 인하여 두 종파가 등장하게 된다. 즉 헬레니즘에 반대하였던 바리새파와 비교적 헬라적 성향이 강하였던 사두개파이다.

바리새파 중에는 핫시딤(마카비가 게릴라전을 벌일 때 마카비를 따라다녔던 경건한 사람들을 지칭)의 후손들이 많았는데 이들은 강력한 민족주의자들로서 나라의 위신을 보존하고 모세의 율법을 엄격하게 지키려고 했다. 한편 사두개인(Sadducees)들은 자신들을 제사장 사독의 후손이라 주장하며 대제사장으로서의 자신들의 정당성을 주장하게 된다.

그 후 아리스토불루스 1세(B.C. 104-103)가 등장하게 되는데 그에 의하여 정식으로 갈릴리 지역이 점령되면서 이 지역이 유대 땅으로 편입되게 된다. 이 갈릴리 지역은 원래 구약 시대에는 이스라엘 땅이었으나 바벨론 포로 이후 이방인의 땅이 되었다가 그에 의해 다시 회복된 것이다. 이 아리스토불루스 때부터 왕이란 칭호가 사용되게 된다. 아리스토불루스의 형제였던 알렉산더 야네스(B.C. 103-76)가 그 후 왕권을 장악하게 되는데 이때 독립 시대 중 최전성기를 맞이하게 된다. 즉 다윗, 솔로몬 시대에 차지했었던 영역까지 되찾은 시기인 것이다. 정치적 야심이 강했던 알렉산더 야네스는 바리새파와 결별하고 헬라적 색채가 강했던 사두개파와 손을 잡았다.

그 후 그의 부인인 알렉산더 살로메(B.C. 76-67)에 의해 정권이 장악되는데 그녀에게 있어서 한 가지 문제는 여자의 신분이므로 대제사장 직분을 계승할 수 없다는 것이었다. 그래서 알렉산더 살로메는 두 아들 히르카누스 2세와 아리스토불루스 2세 중 좀 더 유능했던 아리스토불루스 2세에게 대제사장 직분을 맡겼다. 이때가 바리새파가 제일 득세했던 시기였다.

장자였던 히르카누스 2세가 축출을 당하고 아리스토불루스 2세가 권력을 장악하자 상대적으로 힘이 부족하였던 히르카누스 2세는 로마의 폼페이 장군(Pompeyus, B.C. 63)에게 도움을 청하게 된다. 결국 폼페이 장군이 군대를 일으켜 예루살렘을 점령하게 되는데 이때부터 비로소 로마의 점령 시대가 시작되었다.

③ 로마 시대(B.C. 63-A.D. 135)

히르카누스 2세의 요청에 의해 로마의 폼페이 장군이 예루살렘을 점령하면서 교활한 정치꾼이 등장하게 되는데 그가 바로 안티파타란 인물이다. 원래 이두매 사람인 그는 히르카누스 2세 편에 기생하며 이두매 지역의 지배자가 되었지만, 이후 로마 정권이 들어서자 다시 로마 정권에 빌붙어 폼페이와 손을 잡고, 폼페이로 하여금 예루살렘을 점령하고 다스리도록 협조해 주었다. 후에 시저가 더 강해지자 시저와도 손을 잡았다. 이후 안티파타의 아들인 헤롯 대왕(Herod the Great, B.C. 40-4)이 로마 사람들에 의해 유다 왕으로 등극하게 되는데 그는 아버지 못지않게 교묘하게 유대 사람들에게 세금을 걷어 들이고, 로마 사람들에게 종을 바친 사람으로 유대인들에게는 악명 높았으나, 로마 사람들에게는 충직한 분봉왕으로 알려졌다.

그는 산헤드린의 자격을 격하시켰는데 그 이유는 산헤드린의 구성 요인이 대개 제사장 계열의 사두개인들이었기 때문이었다. 그는 산헤드린뿐만 아니라 대제사장의 직분까지 격하시키면서도 다른 한편으론 바리새인들과는 관계를 공고히 하였다. 또한 그는 예루살렘 성전을 다시 개축하는 일을 단행하게 되는데 이는 다분히 유대인들의 환심을 사기 위한 제스처에 불과했지 신앙과는 아무런 관계가 없다. 결국 성전 개축도 완성하지 못하고 만다. 헤롯 왕은 성격이 난폭하고 잔인하며, 열 명 안팎의 부인을 두었다고 알려졌는데, 그의 잔인성은 예수님이 태어날 당시 두 살 이하의 아이들을 모두 살해하는 끔찍한 일을 스스럼없이 자행한 것을 통해서도 알 수 있다.

이러한 시대적인 배경을 통하여 예수 그리스도가 메시아로 등장하게 된 것이다. 즉 하나님께서는 구약과 신약의 중간기 동안을 침묵으로만 일관하지 않으셨고 이스라엘 땅에 메시아가 오실 수 있는 배경과 환경을 조성하고 계셨다. 말라기 선지자 이후 신구약 중간기의 역사적 흑암기 동안 이스라엘은 알렉산더의 세계 정복사의 회오리 속에 들면서 정치가 종교를 좌우하는 혼란기를 겪게 되는데 지도자들과 온 백성이 하나되어 혈통을 성별시키고 영적으로 각성하기도 했으나, 세월이 지나면서 제사장 제도는 극심하게 타락하게 된다. 결국 제사장의 타락은 이스라엘 신앙의 타락으로 귀결된다.

그러나 제사장 직분을 악용하고 하나님의 말씀을 버리고 언약을 파기하였는데도 불구하고 다윗 때 정비된 제사장 24반열 제도는 놀랍게도 신약 시대까지 기적적으로 유지되었다. 세례 요한의 아버지 사가랴가 속한 아비야 반열은, 구약 제사장 24반열 중 제8반차에 해당된다. 누가복음 1장 8절에서 "마침 사가랴가 그 반열의 차례대로 제사장의 직무를 하나님 앞에 행할 새"라고 기록하고 있다. 여기 "그 반열의 차례대로"는 일정 기간 의무를 이행해야 하는 제사장들의 직임에 정해진 차례에 따라 수행했다는 의미이다. 또한 누가복음 1장 9절에서는 "제사장의 전례에 따라 제비를 뽑아 주의 성소에 들어가 분향하고"라고 말씀하고 있다. 여기 "전례"는 '이전에 있던 관례에 따라'라는 뜻으로, 쉽게 풀이하면 '늘 하던 대로, 평소처럼'이란 뜻이다. 즉 제사장 24반열 제도에 따라 1년에 두 차례씩 1주일 동안 성전 봉사 직무를 행하던 일이 신약 시대까지 지속되어 온 그대로, 아비야 반열의 제사장 사가랴가 제사장 직무를 행했다는 것이다.

산헤드린 공회

로마 제국은 많은 점령지를 쉽고 효과적으로 통치하기 위해 점령지의 상황에 맞게 그곳에 지방자치 정부를 허용하였다. 이러한 로마의 정책에 편승해 만들어진 것이 바로 '산헤드린 공회'이다. 유대인들의 산헤드린은 B.C. 3세기경에 시작되었고 유대인들의 최고의 의결 기관이 되었다. 이 산헤드린은 총 71명으로 구성되었는데 제사장, 사두개인, 바리새인, 서기관, 장로(족장) 3계파로 구성되었고 대제사장이 의장을 맡았다. 로마는 산헤드린을 총독의 권한 아래 예속시키기 위해 산헤드린 의장을 로마가 직접 임명했는데, 예수님 당시의 산헤드린 의장은 A.D. 6-10년경 유대 총독으로 있었던 코포니우스에 의해 임명된 대제사장 안나스가 맡고 있었다. 그런데 산헤드린 공회에서는 제사장 계열의 사두개인들의 영향력이 컸는데 이는 사두개인들이 예루살렘 성전의 기득권을 갖고 있었기 때문이다.

산헤드린의 기능은 종교적, 도덕적 또는 정치적 일까지 하였는데, 종교 기능으로는 유대인 전체를 관리했고(행 9:2), 정치적으로는 사법권으로 사형을 선고할 수 있었지만(마 26:3; 행 4:5; 6:12; 22:30) 로마 정부의 비준을 얻어야만 집행할 수 있었다.

로마는 유대교에 대한 유대인들의 열정을 감안하여 종교적인 문제에 대해서는 로마 총독은 개입하지 않았는데, 본디오

빌라도 총독이 예수를 재판하다가 예수를 헤롯 안디바에게 넘긴 것도 예수가 종교적인 문제와 관련되어 고소된 것으로 보았기 때문에 그렇게 한 것으로 보인다(눅 23:7).

산헤드린의 행정 기능으로는 세금 받는 일이 포함되어 있었는데, 로마 제국은 각 식민지 국가들 위에 총독을 임명하고, 그 총독은 지방관이나 성읍의 원로들에게 세금 징수를 위임했다. 이렇게 되자 총독의 위임을 받은 산헤드린은 세금 걷는 일을 세리에게 맡겼다. 따라서 세리는 로마 정부의 세금을 직접 걷어내는 임무를 수행해야 했기 때문에 유대인들로부터 많은 원성을 듣게 되었다. 예수님과 세리장 삭개오의 이야기는 당시의 상황을 잘 대변해 주는 장면이다.

제사장 제도에 대한 결론

이스라엘의 제사장 제도는 하나님의 구속사에 있어서 대단히 중요한 중심점에 있다. 왜냐하면 제사장 제도는 신약에 이르러 대주재요 대제사장 되시는 예수 그리스도를 예표하는 것이며 성막으로부터 시작해 성전 건축과 더불어 없어서는 안 될 중요한 구속사적 위치를 차지하고 있기 때문이다. 특히 성전의 제사를 통해 이스라엘 백성의 죄가 사함받고 하나님과의 언약 관계를 지속할 수 있기 때문에 구약 시대에 제사장 제도가 문란해지면 이스라엘의 신앙도 함께 타락해 버리는 단초가 되었다. 대표적 예가 사사 시대와 북이스라엘의 신앙의 타락이다.

그런 의미에서 다윗의 제사장 제도의 정비는 메시아로 연결되는 끊어질 수 없는 든든한 동아줄과 같은 역할을 했다고 볼 수 있다. 바벨론의 포로들이 예루살렘으로 돌아와 그렇게도 어려운 상황 속에서도 왜 목숨을 걸고 예루살렘 성전의 재건축을 위해 노력했는지 그 이유가 여기에 있다. 그 증거로 다윗의 24반차에 따른 제도 정비가 없었다면 메시아의 길을 닦으러 오는 세례 요한의 아버지 스가랴의 역할도 없었을 것이며 예수 그리스도가 메시아로 오실 환경도 조성되지 못했을 것이다. 중간기의 정치적 혼란 속에서도 가냘프게나마 기적적으로 제사장 제도가 그 명맥을 이어왔기 때문에 그리스와 로마 통치의 암흑기를 거치면서 메시아에 대한 소망을 접을 수 없었던 것이다.

구약의 제사장 제도 자체는 예수 그리스도가 대제사장으로 오시면서 그 길잡이 역할의 사명을 다하였기에 서서히 구속사의 뒷페이지로 사라진다. 산헤드린 공회의 사두개인들을 통해 제사장의 정치적 역할이 미미하게 있었으나 A.D. 70년 로마 장군 티터스에 의해 예루살렘 성전이 돌 위에 돌 하나 남지 않게 무너지면서 성전과 함께 제사장의 역할은 사라지고 영적으로 믿는 자들 속에 믿음의 성전이 다시 세워진다(고전 6:19,

20). 그리고 예수님이 우리의 대제사장이 되시면서 사도 베드로를 통해 말씀해 주듯이 우리 모두는 택하신 족속이요 왕 같은 제사장으로 우뚝 서는 영적 상황으로 바뀌게 된 것이다.

"오직 너희는 택하신 족속이요 왕 같은 제사장들이요 거룩한 나라요 그의 소유된 백성이니 너희를 어두운 데서 불러내어 그의 기이한 빛에 들어가게 하신 자의 아름다운 덕을 선전하게 하려 하심이라"(벧전 2:9).

구약 시대의 제사장의 가장 큰 역할은 죄인이 하나님을 만나기 위해서는 죄인 대신 짐승을 죽여 그 피를 제단에 뿌려 죄를 씻는 역할인데 그 사역은 제사장이 하나님과 인간의 중보자로 세워졌다는 것이다. 그러나 모든 인류의 중보자로 오신 예수 그리스도가 오심으로 그 역할은 이제 끝나게 된다. 예수님이 대제사장이 되셨으므로 그것을 인정하는 사람은 왕 같은 제사장이 되어 예수 그리스도를 선전하는 일이 각자의 사명이 되었다.

"그러므로 형제들아 내가 하나님의 모든 자비하심으로 너희를 권하노니 너희 몸을 하나님이 기뻐하시는 거룩한 산 제사로 드리라 이는 너희의 드릴 영적 예배니라"(롬 12:1).

구약 시대의 제사장 제도가 바르게 작동될 때 신앙이 바로 서고 제사장이 타락할 때 이스라엘의 신앙도 타락한 것을 보면서 구약의 제사장과 현재의 목회자가 같은 역할인가의 논의는 논외로 하더라도 교회 지도자인 목회자의 타락은 곧 교회와 신앙의 타락으로 연결된다는 사실은 구속사의 제사장 제도의 역사가 우리에게 주는 살아 있는 교훈이다. 현대 교회가 그 적패스러운 진면목을 적나라하게 보여주고 있다고 할 수 있다.

솔로몬의 타락

솔로몬은 오늘날로 말하면 아버지 덕(Dad's Chance)을 톡톡히 본 사람이다. 다윗 왕은 자신의 대에 성전을 짓지 못하자 아들 솔로몬이 성전을 짓도록 모든 준비를 다해주었고 성전 제사를 위한 제사장 제도 정비까지 마련하는 세심함을 보였다. 이런 아버지의 정성을 보고 자란 솔로몬은 초반에는 아버지 다윗처럼 신앙의 열심이 충만했었다. 왕이 된 직후 일천번제를 드려 하나님을 기쁘시게 하였고, 이후로 성전을 지어 봉헌함으로 많은 축복을 약속 받았지만 그의 말년은 그다지 아름답지 못했다. 솔로몬이 대국을 다스리기 위하여 행한 정략 결혼으로 데려온 7백의 처첩과 삼백의 비빈들이 솔로몬의 마음을 빼앗았고 이들이 가지고 온 우상으로 온 이스라엘을 우상 숭배에 빠지게 하였다. 결국 이 죄로 인해 솔로몬의 사후엔 이스라엘이 남유다와 북이스라엘로 나눠지게 되는 분열의 아픔을 겪게 된다. 솔로몬이 지은 죄에 대한 형벌이 내려진 것이다.

그렇다면 그토록 지혜롭던 솔로몬이 왜 이렇게 타락의 길을 걷다가 그 자신뿐 아니라 이스라엘 전체를 심판의 길로 인도하게 되었는지 신명기의 기준에 맞추어 열왕기상 10장과 11장에서 말하는 솔로몬이 저지른 죄악의 고발서를 통해 구체적으로 알아보자.

아내를 많이 두어서 그 마음이 미혹되게 말 것이며

솔로몬은 쾌락을 절제하지 못했기 때문에 하나님께 큰 죄를 짓게 된다(왕상 11:3, 4). 솔로몬이 비록 왕의 신분이지만 처첩과 비빈을 천 명이나 둔 것은 지나치다 못해 상상을 초월한 범죄다. 이처럼 솔로몬은 자신의 욕망과 쾌락을 절제하지 못하고 수많은 처첩과 비빈을 두었다가 결국 이들로 인해 묻어들어 온 우상 숭배의 길에 빠져들게 되었고 자신뿐만 아니라 이스라엘을 우상 숭배의 장으로 내몰았고 이로 인해 하나님의 심판을 받게 되었다.

"솔로몬의 나이 늙을 때에 왕비들이 그 마음을 돌이켜 다른 신들을 좇게 하였으므로 왕의 마음이 그 부친 다윗의 마음과 같지 아니하여 그 하나님 앞에 온전치 못하였으니"(왕상 11:4).

성경은 늘 교만한 인간에게 경고한다. "욕심이 잉태한즉 죄를 낳고 죄가 장성한즉 사망을 낳느니라"(약 1:15), 또한 "너는 꿀을 만나거든 족하리만큼 먹으라 과식하므로 토할까 두려우니라"(잠 25:16)고 했다. 인간은 절제하지 못한 욕심 때문에 죄를 짓게 된다. 결국 이 죄가 하나님의 심판을 불러오는 것이 성경의 원리다. "자족하는 마음이 있으면 경건이 큰 이익이 되느니라"(딤전 6:6)하신 바울 사도의 말씀을 다시금 되새겨 보아야 한다.

왕된 자는 말을 많이 두지 말 것이요

솔로몬 왕은 재산과 지혜가 천하 열왕보다 커지자 하나님을 의지하기보다는 자신의 힘을 의지하기 시작했다. 왕이 말을 많이 가지면 하나님의 힘을 의지하기보다는 군대의 힘을 믿게 된다. 선대 왕인 다윗도 결국은 하나님을 의지하기보다 군대의 힘을 의지하려 군대 숫자를 세었다가 큰 화를 당한 역사를 망각한 것이다. 당시 솔로몬이 가지고 있던 병거가 4백이요 마병이 1만 2천이었다. 이 숫자는 이스라엘의 정예 부대에 비해 너무 많은 수였다(왕상 10:26-29). 솔로몬은 이 대단한 마병을 과시하기 위해 병기성에 두지 않고 예루살렘 성에까지 주둔시켰다. 그리고 그 마병을 유지하기 위해 애굽으로부터 말을 수입해야함으로 많은 사람들을 애굽으로 보내야 했다.

"솔로몬의 말들은 애굽에서 내어 왔으니 왕의 상고들이 떼로 정가하여 산 것이며"(왕상 10:28).

신명기서는 분명히 백성을 애굽으로 돌아가게 하지 말 것을 경고하고 있다. 애굽은 세상을 상징하며 이스라엘 백성에게는 노예의 시대로 돌아가는 것을 의미한다. 결국 예레미야 선지자의 눈물의 호소가 무엇이었는가? 하나님의 뜻은 남유다인들이 바벨론으로 가는 것인데 거짓 선지자들은 이들을 애굽으로 끌고 가 결국 애굽의 노예로 만들고 말았다.

은금을 자기를 위하여 많이 쌓지 말지니라

솔로몬은 신명기의 경고를 모두 무시하는 죄악을 범했다. 예루살렘 성전을 짓기 위한 은과 금을 이미 다윗이 다 준비해 두었음에도 불구하고 그는 금과 은에 마음을 빼앗기고 말았다. 솔로몬이 하나님의 말씀을 잊자 욕심을 절제하지 못하고 사치한 삶으로 이어지게 된 것이다. 당시 팔레스타인 지역에서 코끼리 상아는 아주 귀중품으로 취급되었다. 솔로몬이 상아로 왕좌를 만들어 정금으로 입혔다는 사실은 그가 얼마나 호화스런 생활에 빠졌는지를 적나라하게 보여준다.

왕상 10:14 이하를 보면 솔로몬의 세입금의 무게가 금 666달란트라고 한다. 무게 한 달란트가 약 20kg 정도다. 여기서 말하는 세입금의 무게가 금 666달란트라면 13t 320kg 정도가 된다. 금이 13톤이라는 것은 어마어마한 수치다.

2019년 기준으로 세계 각국의 금 보유량을 보면 솔로몬이 소유했던 금의 양이 얼마나 되는지 가늠할 수 있다. 미국 약 8,133.5톤, 독일 3,406.8, IMF 2,966.8, 이태리 2,451.8, 프랑스 2,435.4, 중국 1,054.1, 스위스 1,040.1, 일본 765.1, 러시아 688.6, 네델란드 612.7, 인도 557.5, 대한민국 14.4톤을 보유하고 있다.

1997년 당시 상황을 보면 더 분명해진다. 1997년 IMF 구제금융 요청 당시 대한민국의 부채를 갚기 위해 국민들이 자신이 소유하던 금을 나라에 자발적으로 모았는데 당시 한국은 외환 부채가 약 304억 달러에 이르렀다. 전국적으로 약 351만 명이 참여한 이 운동으로 약 227톤의 금이 모아졌다. 그것은 약 21억 3천 달러의 금이었다. 당시 외환 부채를 갚기 위해 외국에 금을 팔고 현재 한국이 보유하고 있는 금 보유량과 당시 솔로몬이 가지고 있던 금의 양이 비슷하다. 현재 한국의 금 보유량은 세계 54위다.

예로부터 권력자의 부패는 돈과 여인으로 인해 발생한다. 왕이 권력과 재력을 추구하면 반드시 부패하고 만다. 솔로몬은 하나님께 자기의 수도, 부도, 원수의 생명 멸하는 것도 구하지 않고 오로지 하나님의 지혜를 구했던 신실한 사람이었다. 그러나 이로 인해 하나님의 축복을 받아 모든 것을 얻었으나 그것에 만족하지 않고 지나친 사치와 방만으로 결국은 재물의 노예로 전락하고 말았다.

"유다와 이스라엘의 인구가 바닷가의 모래같이 많게 되매 먹고 마시며 즐거워하였으며 솔로몬이 하수에서부터 블레셋 사람의 땅에 이르기까지와 애굽 지경에 미치기까지의 모든 나라를 다스리므로 그 나라들이 조공을 바쳐 솔로몬의 사는 동안에 섬겼더라"(왕상 4:20, 21).

하나님의 경고를 무시하는 죄를 짓고 말았다

재물과 탐욕으로 마음이 흩어진 솔로몬이 이방 여인들에게 마음을 빼앗겨 우상 숭배의 죄를 짓자 하나님은 두 번이나 직접 나타나 경고의 말씀을 주셨지만 이런 경고에도 솔로몬이 듣지 않자 결국 저의 죄를 심판하셨다.

"솔로몬이 마음을 돌이켜 이스라엘 하나님 여호와를 떠나므로 여호와께서 저에게 진노하시니라 여호와께서 일찌기 두 번이나 저에게 나타나시고 이 일에 대하여 명하사 다른 신을 좇지 말라 하셨으나 저가 하나님의 명령을 지키지 않았으므로"(왕상 11:9-10).

솔로몬에게서 나라를 빼앗아 그 신복에게 줄 것이나, 다윗을 생각하여 네 세대에는 이 일을 행하지 않고 네 아들의 손에서 빼앗으리라고 말씀하신다. 결국 솔로몬의 죄로 인해 이스라엘이 남유다와 북이스라엘로 나뉘는 동족 분열의 고통을 겪게 되었다. 한 사람의 지도자의 죄로 인해 이스라엘 전체가 분열의 고통을 겪게 되었다는 것이다.

"여호와께서 솔로몬에게 말씀하시되 네게 이러한 일이 있었고 또 네가 나의 언약과 내가 네게 명한 법도를 지키지 아니하였으니 내가 결단코 이 나라를 네게서 빼앗아 네 신복에게 주리라 그러나 네 아비 다윗을 위하여 네 세대에는 이 일을 행치 아니하고 네 아들의 손에서 빼앗으려니와 오직 내가 이 나라를 다 빼앗지 아니하고 나의 종 다윗과 나의 뺀 예루살렘을 위하여 한 지파를 네 아들에게 주리라 하셨더라"(왕상 11:11-13).

결론

하나님은 이스라엘에게 왕정 제도를 허락하시면서 왕이 지켜야 할 지침을 주셨다. 그 핵심은 권력을 남용하지 말고 하나님 앞에서 늘 겸손하라는 것이었다. 그럼에도 솔로몬은 이스라엘의 왕으로 세움을 받아 엄청난 축복을 받고도 하나님의 명령을 어김으로 그 자신뿐 아니라 이스라엘 전체를 심판의 길로 이끌고 말았다.

솔로몬은 성전 건축이라는 위대한 업적을 남겼지만, 불순종의 길을 가다가 심판을 받은 이후 하나님의 언약궤의 흔적이 사라지고 솔로몬 이후 성경에는 언약궤의 언급이 나타나지 않는다. 이것이 무엇을 의미하는지 타산지석으로 삼아야 한다.

그리고 솔로몬의 타락으로 나라를 나누어 유다와 베냐민 지파를 뺀 10지파를 북이스라엘에게 넘기지만 하나님은 다윗과의 약속을 지키기 위하여 구속사의 결론인 예수 그리스도의 예표인 예루살렘 성전을 남유다 왕국에 남겨 놓으신 것이다.

히스기야 왕의 교만에 대한 대가

히스기야는 남유다 왕국의 13대 후대 왕이지만 신실한 믿음으로 하나님의 은혜를 많이 받은 왕이다. 특히 그의 아버지인 아하스 왕은 우상 숭배하기로 유명한 사람이었고 하나님의 전에 이방신들을 위한 예배 처소를 만든 아주 악한 왕이었다. 이로 인해 진노하신 하나님께서는 에돔과의 전쟁, 블레셋과의 전쟁, 앗수르의 침략 등으로 아하스의 잘못을 지적하셨다. 그러나 그가 하나님께 나아와 기도했다거나 회개했다는 흔적은 어디에도 없다. 오히려 이런 시련 앞에서 더욱 악한 범죄로 치닫는 우를 범하여 하나님의 마음을 아프게 하였다.

"이 아하스 왕이 곤고할 때에 더욱 여호와께 범죄하여"(대하 28:22).

아버지 아하스 왕의 전쟁과 그릇된 통치, 사회적 혼란, 불안과 분노를 지켜보며 자란 히스기야는 아버지의 실정의 원인을 신앙적인 면에서 바로 찾았다. 그래서 그는 왕이 되자마자 하나님과의 관계를 새롭게 하기 위해 성전 정화 작업과 제사장 제도 정비로 성전과 신앙을 바로 세우는 일에 착수한다.

그는 먼저 성전과 레위인의 성결한 삶을 명령했다. 그리고 이 모든 문제의 원인을 여호와 신앙의 타락임을 깨닫고 하나님과의 바른 관계 유지를 위한 예배를 일으켜 세웠다.

그리고 예루살렘 성전 안에 우상이 세워져도 이에 대한 항거도 못한 제사장들의 무사안일함을 탓하여 제사장들에게 부지런할 것을 당부하고 레위인들로 다시금 성가대를 부활시켜 하나님 앞에 속죄제를 드렸고 유월절을 회복시켜 온 이스라엘 백성이 하나님께 감사가 넘쳐나게 하여 제사장들과 레위인들이 백성을 축복하는 소리가 하늘에까지 상달되었다고 성경은 기록하고 있다(대하 30:27). 다윗 왕 이후 히스기야 왕만큼 후한 평을 받은 왕이 없었다.

"히스기야가 온 유다에 이같이 행하되 그의 하나님 여호와 보시기에 선과 정의와 진실함으로 행하였으니 그가 행하는 모든 일 곧 하나님의 전에 수종드는 일이나 율법이나 계명이나 그 하나님을 구하고 일심으로 행하여 형통하였더라"(대하 31:20-21).

이렇게 형통하던 히스기야 왕에게 작은 변화가 나타나기 시작한다. 앗수르의 산헤립 왕의 침입을 물리치자 그의 마음에 교만이 찾아온 것이다. 성경은 히스기야의 타락과 범죄를 두 가지로 지적하고 있다. 하나는 모든 치적에 대한 교만이었고 다른 하나는 교만이 마음에 싹트니 하나님에 대한 감사가 없어졌다는 것이다.

"히스기야가 마음이 교만하여 그 받은 은혜를 보답지 아니하므로 진노가 저와 유다와 예루살렘에 임하게 되었더니"(대하 32:25).

그의 통치 기간 동안 하나님이 함께 하셔서 강대국 앗수르를 물리치고 온 유다가 평온하여 각 창고마다 식량이 가득하고 짐승의 외양간이 가득 찬 것이 자신의 역량이라고 과신했던 것이다. 그리고 이런 과정에서 결정적인 실수를 저지르고 만다.

바벨론 왕 브로닥발라단이 히스기야가 병들었다가 건강해졌다는 소식을 듣고 히스기야에게 편지와 예물을 보냈다. 당시 바벨론은 신흥강대국으로 부상하던 시기로 주변 모든 나라들을 염탐하는 계책으로 남유다에 사신을 보냈던 것이다. 그들의 계략을 알아차리지 못한 히스기야가 사자들로 말미암아 기뻐하여 그들에게 보물 창고를 다 보여주었으니 보이지 않은 것이 없었을 정도였다. 이에 선지자 이사야가 히스기야의 경솔한 행동을 지적하고 앞으로 그들에게 보여주었던 모든 보물은 바벨론으로 옮겨질 것이고 그의 아들 중 한 명은 바벨론으로 끌려가 환관이 될 것이라고 예언한다.

바벨론 왕이 사신들과 예물을 보낸 이유는 유다를 정탐하고, 히스기야를 이용해 앗수르를 공격하는 자신의 목적을 이루기 위해 간계를 부렸던 것이었다. 역대하 기자는 "그러나 바벨론 방백들이 히스기야에게 사신을 보내어 그 땅에서 나타난 이적을 물을 때에 하나님이 히스기야를 떠나시고 그의 심중에 있는 것을 다 알고자 하사 시험하셨더라"라고 말한다(대하 32:31).

만약 히스기야가 하나님을 전적으로 의뢰하여 앗수르 군사 십팔만 오천 명이 하루 아침에 죽고 산헤립이 자신의 부하에게 죽임을 당한 기적 같은 사건과 남유다가 부유해진 모든 것이 하나님이 하신 일이라고 자랑했다면 아마 바벨론이 남유다를 함부로 침공하지 못했을 것이다. 하지만 히스기야는 이것을 깨닫지 못하고 마음이 교만해져 하나님을 자랑하지 못하고, 물질을 자랑하고 만다. 하나님을 향해 열어야 할 마음을 물질을 향해 열었던 것이다.

결국 이사야의 예언대로 히스기야가 보여 주었던 모든 금은 보화는 바벨론에 빼앗기고 하나님으로부터 생명의 연장을 받은 15년의 기간 중 난 아들 므낫세 왕은 앗수르에 의해 바벨론으로 유배를 당하는 수모를 겪게 되며 므낫세의 악행으로 이미 유대의 운명은 바벨론의 포로가 되는 단초가 되고 만다.

히스기야 터널

히스기야 왕이 말년에 실수를 저질렀지만 그가 신앙으로 무장하고 하나님을 의뢰했을 때 행한 아주 주목받을 만한 업적이 하나 있어 현재도 그 신앙의 흔적으로 남아 있는 유적이 있다. 우리도 그의 신앙의 발자취를 따라 교훈을 얻어야 한다.

예루살렘 다윗 성에 현재도 그 역사적 기록으로 뚜렷이 남아 있는 히스기야 터널이 있다. 솔로몬이 기름 부음을 받았던 기혼 샘과 예수님이 날 때부터 눈먼 바디매오를 치료하신 실로암을 연결하는 지하 터널이다. 이 터널을 통해 다윗 성의 서쪽 언덕에 위치한 티로포에온 계곡의 기혼 샘의 물을 성 안의 실로암 못으로 끌어들인 것이다.

주전 701년쯤, 히스기야 왕은 앗시리아 왕 산헤립의 침공에 대비해 기혼 샘에서 실로암에 이르는 터널을 만들었다. 이

수로 터널의 목적은 기혼 샘의 물을 실로암 못으로 끌어들임으로 적의 포위 시에도 물을 얻을 수가 있었고 또 성 밖으로 난 기혼 샘 입구를 봉쇄해 적으로부터의 물 강탈을 막을 수 있었다. 이 대공사를 성경은 다음과 같이 기록하고 있다.

"히스기야가 또 기혼의 윗 샘물을 막아 그 아래로 좇아 다윗 성 서편으로 곧게 인도하였으니 저의 모든 일이 형통하였더라"(대하 32:30).

기혼 샘에서 실로암 못까지 직선거리는 320m이지만 S자형으로 굽어 있어 실제 터널의 길이는 530m나 된다. 보통 터널을 뚫을 때는 직선으로 가장 가까운 거리로 만드는 것이 상식인데 이 수로 터널은 S자 모양을 하고 있다. 터널이 왜 S자형인가? 이에 대한 설명 중의 하나는 터널이 다윗 성에 있던 왕들의 무덤 밑을 지나는 것을 피하기 위해 S자형이 되었다고 한다. 그렇다면 당시의 지하 건축 기술이 아주 뛰어났다는 사실을 보여준다. 그러나 일부 다른 학자들은 기혼 샘과 실로암 못 사이에 바위의 균열된 틈을 따라 이미 흐르고 있던 물줄기를 따라 양쪽에서 파들어 갔다고 주장하기도 한다. 1880년대에 발견된 실로암 비문에 이렇게 기록되어 있다.

"…(터널)이 관통될 때…여전히 3규빗 정도 남았을 때 반대쪽에서 서로를 부르는 목소리를(들을 수 있었고)…그리고 터널이 맞뚫렸고, 돌 깨는 사람들이 돌을 팠고 망치와 밍치가 서로 부딪혔다. 그리고 물은 샘으로부터 저수지까지 1200규빗을 흘러 들어갔다."

양 방향에서 작업하던 사람들이 서로 맞닿았을 때의 기쁨을 생생하게 기록한 것이다. 확인된 터널 안 폭은 60㎝ 정도로 사람이 지나기 적당하고, 대신 높이는 1.45m에서 5m에 이르는 높낮이로 굴곡이 있다. 현재도 이 수로 터널은 존재하고 있어 관광객이 물길을 따라 걸어다닐 정도로 높고 당시의 상태로 잘 보존되어 있다.

히스기야는 이 터널을 통해 기혼 샘의 물을 다윗 성 안으로 끌어들이는 것이 목적이었다. 앞에도 언급했듯이 실제로 앗수르 군대가 예루살렘을 포위했을 당시 기혼 샘은 메워져 있었고 수로는 다윗 성 안의 실로암 연못에 연결되어 있었다. 이 대역사로 인해 물을 얻지 못한 앗수르 군사 십팔만 오천이 하루 밤 사이 죽는 사건이 일어난 것이다. 히스기야는 앗수르 군대가 쳐들어온다는 징조가 보이자 하나님 앞에 기도할 뿐 아니라 기도와 함께 역사적 대공사를 행동으로 옮겼다.

예수님도 히스기야의 수고를 아셨다

요한복음 9장에서 예수님이 날 때부터 소경된 사람의 눈을 뜨게 하신 현장이 바로 이 실로암 연못이다. 예수님의 병고치는 이적을 보면 거의 모든 사건이 말씀으로 고쳐진다. 그러나 유독 이 장면은 말씀으로 고치시지 않고 흙에 침을 뱉어 진흙을 이겨 소경의 눈에 바르고 그에게 이르시기를 "실로암 못에 가서 씻으라"고 하셨다. 소경이 가서 씻었더니 나음을 받았다. 예수님도 행위로 고쳐 주시고 소경도 연못에 가서 씻는 수고를 하였다. 그리고 성경은 실로암의 뜻이 "보냄을 받았다"는 의미라고 상기시켜준다.

예수님은 이 실로암 샘이 어떻게 생겨났는지 그 연원을 아셨던 것이다. 그리하여 히스기야가 기혼 샘물을 끌어들이는 공사를 행했던 것같이 소경된 자의 수고를 이끌어 내신 것이다. 예수님은 히스기야 터널을 통해 현대 교인들에게 무엇을 해야 할 것인지를 분명히 알게 하신 것이다.

기도는 믿는 자들의 호흡이요 하나님과의 대화의 전화선이다. 그러나 기도에도 기도 후 하나님의 응답을 기다리는 기도가 있고 기도에 따른 인간의 행동이 뒤따르는 기도가 있다. 성경은 분명히 기도가 하나님의 뜻을 깨닫는 일이기에 기도의 물이 흘러 내리게 하기 위해서는 사람이 할 일이 있다는 사실을 가르쳐 주는 것이다. 이것을 야고보 사도는 행동하지 않는 믿음을 죽은 믿음이라고 말한다.

"영혼이 없는 몸이 죽은 것같이 행함이 없는 믿음은 죽은 것이니라"(약 2:26).

미국 시간 1950년 6월 24일 미국 중서부 미주리주의 작은 마을 인디펜던스. 미국의 제33대 해리 트루먼 대통령은 주말 휴가를 보내기 위해 고향집에 내려와 있었다. 오후 늦게 고향집에 도착한 트루먼 대통령은 아내 베스, 외동딸 마가렛과 저녁 식사를 마치고, 조용한 주말 휴식을 고대하며 침대에 누워 독서를 하고 있었다. 이때 밤 10시가 다 되어 적막을 깨뜨리는 한 통의 전화가 딘 애치슨 국무장관으로부터 걸려왔다.

"각하, 중대한 사태가 발생했습니다. 북한이 38선을 넘어 남한을 침공했습니다."

태평양 반대편 극동에 위치한 잘 알지도 못하는 작은 나라. 제2차 세계 대전 말 원자 폭탄 투하로 일본군이 항복하면서 5년 전 36년간의 일제 식민 통치에서 벗어난 나라, 바로 그 나라에서 전쟁이 발발했다는 것이었다.

1950년 6월 25일, 평화롭던 일요일 새벽, 북한 공산 인민군은 새벽 4시 38선을 넘어 남한을 불법 침공했다. 38선 가까이에서 포성이 울려퍼지고, 소련제 탱크들의 캐더필러 소리가 점차 가까워지면서, 유난히 무더웠던 그 해 6월 25일의 먼동이 터오기 시작했다. 하늘에서는 융단 폭격을 가하는 전투기들의 굉음과 함께 지상에서는 귀청을 멍하게 하는 대포와 기관총 소리, 2백 42대의 소련제 전차를 앞세운 북한이 일본의 항복을 받아내기 위해 유엔이 임의로 책정한 경계선인 38선을 넘어 남한을 전면 침공한 것이다.

전문가들은 한국 전쟁 발발 이전부터 한반도에는 정치적, 사회적 혼란과 긴장이 고조돼 있었다고 지적했다. 해리 트루먼 도서관 기록보관소 샘 루셰이 박사의 말이다.

"1945년 38선을 경계로 남쪽에는 민주주의의 미군이, 그리고 북쪽에는 공산주의의 소련 군정이 들어서면서 한반도는 이념적으로 나눠지기 시작했습니다."

1945년 제2차 세계 대전이 끝나고 한반도의 북위 38도 이북 지역에서 소련군에 의해 군정이 실시되었으며, 1946년 2월 북조선임시인민위원회가 수립되었다. 그로부터 2년 뒤인 1948년에는 '한반도 총선거'에 기초하여 김일성을 수상, 박헌영·홍명희 등을 부수상으로 하여 1948년 9월 9일, 국호 '조선민주주의인민공화국'으로 사회주의 이념의 정부가 공식 출범했다.

남한의 이승만 대통령은 이미 1946년 2월 북조선임시인민위원회가 수립되는 것을 보고 이미 소련의 사주를 받은 북한의 김일성이 유엔의 결정과 상관없이 공산주의 국가를 세울 것을 알고 있었기에 1948년 유엔 감시하에 남한만의 단독 선거를 실시했다. 그 결과 자랑스런 이승만 대통령 정부의 자유 민주주의 공화국인 대한민국이 건국되었다. 하지만 유엔 감시하의 총선거를 반대했던 소련은 형식적으로 남한의 단독 정부가 세워지자 자신들의 알리바이를 성립시키기 위해 김일성을 앞세워 9월 9일 북한에 조선민주주의인민공화국이란 별도의 정부를 수립한다.

해리 트루먼 도서관의 레이 게셀브라하트 박사는 이처럼 이념적으로 갈라졌던 남북한 사이에는 전쟁 발발 이전부터 이미 수많은 '작은 전쟁'들이 벌어지고 있었다고 회고한다.

이런 가운데 북한은 비밀리에 남침을 위한 군사력 증강에 나섰다. 마이클 드바인 트루먼 도서관 관장은 구소련 붕괴 이후 기밀해제된 소련 측 문서를 통해 한국 전쟁이 북한에 의한 남침이란 사실이 명백하게 드러났다고 밝혔다.

"북한은 소련의 지원을 받아 군사력을 증강했습니다. 또 김일성은 수차례 조셉 스탈린을 만나 남침 계획을 승인하고 북한을 지원해 달라고 요청했습니다. 스탈린은 미국의 개입을 우려해 이를 반대해왔습니다. 그런데 상황이 바뀐 겁니다. 1949년 중국이 공산화 됐고, 소련은 핵무기 개발에 성공했으며, 또 김일성은 전쟁이 일어나면 남한 주민들이 인민군을 크게 환영할 것이라며 마침내 스탈린을 설득한 겁니다."

전쟁이 발발하자 남한은 군사적으로 절대 우위에 있던 북한군의 공격에 속수무책으로 당하고 있었다. 당시 북한의 군사적 우위를 트루먼 도서관 기록문서보관소의 랜디 소웰 씨는 이렇게 설명한다.

"북한은 2백 50여 대의 탱크와 중야포, 중박격포로 무장했지만 남한은 이를 저지할 만한 수단이 전혀 없었습니다. 또 중공군 출신 조선족 병사들은 1949년 마오쩌둥이 이끄는 공산당의 승리로 끝난 중국의 국공내전에 참전해서 전투 경험까지 갖추고 북한으로 돌아가 북한군의 증강을 도왔습니다."

6월 25일, 트루먼 대통령은 서둘러 워싱턴으로 돌아갔다. 그는 당일 오후 9시 국무장관과 국방장관, 합참의장 등이 참석하는 비상 각료 회의를 소집했다.

당시 신설된 합동참모본부의 초대 의장이었던 오마르 넬슨 브래들리 원수는 후일 당시의 긴급 회의를 이렇게 회상했다.

"많은 회의들이 잇따라 열렸는데요, 첫날 회의에서 남한군에 장비와 탄약 등을 지원하기로 결정했습니다. 곧바로 이어 열린 추가 회의에서는 미군 보병 연대를 남한에 파병하기로 결정했습니다."

미국의 참전에 대한 트루먼 대통령의 결정은 단호했다. 그는 한국 전쟁을 민주주의에 대한 공산주의의 도전으로 받아들이고, 이를 단호히 저지해야 한다고 믿고 있었다. 그리고 작은 전쟁을 해결하지 못하면 3차 세계 대전으로 확산된다는 것을 전쟁 역사서를 읽으며 알게 되었고 이것을 우려하였다. 역사학자들은 트루먼 대통령이 그 같은 결정을 즉각 내렸고, 한 번도 그 결정에 대해 어떤 의구심을 갖지 않았다고 말한다.

이제 1950년 7월 19일, 미국인들에게 한국 전쟁 참전 결정의 배경을 설명했던 트루먼 대통령의 대국민 연설을 소개하고자 한다.

"남한은 미국에서 수천 마일 떨어진 곳에 있는 작은 나라지만, 그곳에서 일어나는 일은 모든 미국인들에게 중요합니다. 6월 25일 공산주의자들이 남한을 공격했습니다. 이는 공산주의자들이 독립 국가들을 정복하기 위해 군사력을 사용하려 한다는 것을 명확히 보여줍니다. 북한의 남침은 유엔 헌장 위반이고 평화를 침해한 것입니다. 우리는 이 도전에 정면으로 대응해야 합니다."

트루먼 대통령의 결정으로 참전한 미군은 3년간 전사자와 부상자, 실종자 등을 포함해 모두 13만여 명이 희생되었다.

1950년 6월 25일 전쟁이 일어났을 때 미국의 트루먼 대통령은 참전 결정을 신속히 하자 기자들이 이렇게 빨리 참전을 한 이유를 묻자 손가락으로 하늘을 가리켰다는 일화는 곧 그의 결정은 하나님의 응답이었음을 내비친 것이다.

그리고 UN군이 한국전에 참전하려고 할 때도 하나님이 도우셨다. 6월 26일 미국 트루먼 대통령이 소집한 '유엔안전보장이사회'에서 한국 참전 여부를 결정할 때 소련이 거부권을 행사하면 UN군 파견이 수포로 돌아갈 수밖에 없었다. 그런데 그날 아침 소련 대표 아담 마리크는 거부권을 행사하기 위해 캐딜락을 타고 오는 도중 뉴욕 거리에서 엔진이 꺼져서 고치느라고 시간을 허비하고 도착했을 때는 이미 한국 참전이 만장일치로 결정이 난 뒤였다고 한다.

하나님은 때로는 사람과 함께 일하신다. 히스기야가 기도와 함께 수로의 터널을 판 것처럼 행동하는 사람에게 역사하신다. 트루먼 대통령이 기도실에만 앉아 있었다면, 이승만 대통령이 책상에 앉아 기도만 하고 있었다면 하나님은 누구와 함께 역사를 일으키시겠는가? 이승만 대통령의 영부인 프란체스카 여사의 6.25 전쟁 동안 쓴 일기에 의하면 이승만 대통령은 전쟁이 발발하자 매 순간마다 기도했다고 기록하고 있다. 그리고 미국이 전쟁에 참전했음에도 북진 통일에 미온적 태도를 보이자 행동으로 한미 상호 방위 조약을 이끌어낸 이승만 대통령의 행동하는 기도는 마치 오늘날 대한민국을 만들어낸 히스기야의 기도임에 틀림없다고 말할 수 있다.

선한 사마리아 사람

예수님의 선한 사마리아 사람의 예화는 행동으로 사랑을 실천하는 사람의 이야기이다. 강도를 맞아 가진 모든 것을 빼앗기고 상처를 입고 신음하고 있는 이웃을 보고 제사장도 레위인도 그를 피해 갔다고 말씀하신다. 그리고 상황 설명에서 이들은 예루살렘에서 여리고로 내려가는 길이라고 말하고 있다. 이 말은 제사장도 레위인도 모두 예루살렘 성전에서 제사를 드리고 가는 사람들이라는 말이다. 오늘날로 말하면 주일 예배를 마치고 집으로 가는 길이라는 것이다. 아무도 강도 만나 신음하는 이웃을 거들떠 보지도 않았지만 생면부지인 사마리아 사람이 이를 구해주었다는 말은 무엇을 의미하고 있는가?

아무리 오래 교회를 다녔다 할지라도 교회의 높은 직분의 소유자라 할지라도 행동으로 사랑을 실천하지 않는 사람은 천국에 갈 수 없다는 말씀이다(마 7:21). 히스기야도 이승만 대통령, 트루먼 대통령도 모두 하나님의 뜻에 따라 행동으로 응답한 기도의 사람들이었다.

마틴 루터 킹 목사(Martin Luther King Jr.)는 "악에 대해서 항의하지 않고 이를 받아들이는 사람은 실제로 악에 협조하고 있는 것이다."라고 말했고 영국의 보수주의의 아버지인 에드먼드 버크는 다음과 같이 말했다.

"The only thing necessary for the triumph of Evil is for good men to do nothing"(Edmund Burke, 1729-1797).
악의 승리는 선의 침묵임을 잊지 말자. 언행일치의 형제들이여!

마르틴 니묄러는 1892년에 독일 립슈타트에서 태어난 독일의 루터 교회 목사이자 신학자였다. 니묄러 목사는 반공주의자였기 때문에 처음에는 히틀러의 등장을 지지했다. 그러나 히틀러가 국가의 우월성을 종교처럼 주장하자, 니묄러는 히틀러에게 환멸을 느끼게 되었다. 그는 히틀러를 반대하는 독일 성직자 그룹의 리더가 되었다. 하지만 니묄러와는 달리 대부분의 독일 성직자들은 나치의 위협에 굴복하고 말았다. 히틀러는 개인적으로 니묄러를 매우 싫어하여 그를 체포하여 작센하우젠과 다하우 강제 수용소 등에 감금했다. 니묄러는 연합군에 의해 1945년에 강제 수용소에서 풀려났다. 그는 독일에서 성직자로서, 제2차 세계 대전 이후 독일 국민들을 참회와 화해를 이끄는 대변자로 활동했다.

그는 다음과 같은 시를 써서 자신의 히틀러의 만행에 대한 침묵이 어떤 결과를 낳았는지를 세상에 알렸다. 흔히 특정의 조장된 두려움과 공포와 함께 시작되어, 이윽고 통제 불능의 상태에 빠져 집단적인 적의를 띰으로써 나타나는 구조적 악에 정치적 침묵으로 일관하는 위험성을 묘사하는 데 자주 인용되는 글이다.

나치가 공산주의자들을 덮쳤을 때, 나는 침묵했다;
나는 공산주의자가 아니었다.

그 다음에 그들이 사회민주당원들을 가두었을 때, 나는 침묵했다;
나는 사회민주당원이 아니었다.

그 다음에 그들이 노동조합원들을 덮쳤을 때, 나는 아무 말도 하지 않았다;
나는 노동조합원이 아니었다.

그 다음에 그들이 유대인들에게 왔을 때, 나는 아무 말도 하지 않았다;
나는 유대인이 아니었다.

그들이 나에게 닥쳤을 때는, 나를 위해 말해 줄 이들이 아무도 남아 있지 않았다.

이스라엘의 마지막 왕 헤롯 왕가의 패망

헤롯 왕가의 출현 배경

헬라 제국의 알렉산더 대왕이 죽은 후 세계 정세는 더없이 혼란스러워졌다. B.C. 369년까지만 해도, 북쪽의 에트루스칸을 예속시켜 독립한 자그마한 나라 로마를 주목하는 사람들은 거의 없었다. 하지만 독립 이후 로마는 헬라의 식민지들을 하나씩 차지하여 B.C. 275년에는 이탈리아 반도를 통일하는 강력한 국가로 성장한다. 이어서 카르타고(Carthage)와의 3차에 걸친 포에니 전쟁(B.C. 262-146)과 동방 헬라와의 4차에 걸친 마케도니아 전쟁(B.C. 214-148)에서 승리함으로써 지중해 일대를 장악하게 되었다. 이 당시는 다니엘 선지자의 예언대로 질풍노도와 같이 세계의 패권이 바뀌는 역사의 소용돌이에 해당하는 시기였다. 하지만 이스라엘은 마카비 혁명 이후 헬라 제국을 물리치고 하스몬 왕조를 이루어 한동안 독립 국가로 있어(B.C. 142-63) 시대의 흐름을 파악하지 못하고 분열과 다툼으로 신앙도 제사장 제도도 곪아가고 있었을 때였다.

하스몬 왕조의 말기 알렉산드라 살로메 여왕이 죽자(B.C. 67) 그의 차남 아리스토불루스 2세가 대제사장이자 왕이 된다.

알렉산드라의 장남 히르카누스 2세는 자기 동생 아리스토불루스 2세에 의하여 대제사장직에서 폐위되자 하스몬 왕조의 이두메 총독이었던 헤롯 안티파타(Herod Antipater)에게 보호를 요청하게 되었다. 헤롯 안티파타는 나바테아 왕 아레타스에게 구원을 요청하여 이를 해결하려 하였다. 나바테아 군대가 예루살렘 성전을 포위하고 히르카누스 2세의 승리를 눈 앞에 둔 이 역사의 전환점에서 로마를 끌어들이고 만 것이다.

로마의 폼페이우스(Pompeius) 장군이 B.C. 63년에 팔레스타인에 들어오는 바람에 이 싸움은 무산되고 말았다. 하스몬 왕조의 내란은 폼페이우스의 부하 장군 스카우러스로 하여금 예루살렘에 무혈 입성하게 만들었으며 아리스토불루스 2세와 그의 두 아들 알렉산더와 안티고누스는 볼모로 로마에 잡혀가게 된다. 지정학적으로 가장 중요한 전술적 위치에 있었던 이스라엘은 이렇게 하여 로마에 의하여 점령되어 하스몬 왕조는 망하고 로마의 속국이 되어 로마의 수리아 관구에 속하게 된다. 이때 수리아 관구의 초대 총독은 스카우러스 장군이다.

로마는 다니엘서 2장 '큰 신상(神像)'의 예언에서 '철로 된 종아리'에 해당되는 강력한 나라다(단 2:33, 40). 이 예언대로 로마는 '철의 제국'(The iron monarchy of Rome)으로 불렸던 막강한 제국이 된다. 다니엘 7장에서 묘사된 네 짐승의 이상에서는 '무섭고 놀랍고 극히 강하며 큰 철이' 있는 짐승으로 묘사 되었다. 이 넷째 짐승의 머리에 있는 열 뿔은 로마가 망한 이후 앞으로 세상에 일어날 열 왕을 가리키며(단 7:7, 24) 이 열 뿔 사이에서 일어날 작은 뿔은 장차 지극히 높으신 하나님을 대적하며 성도를 괴롭히는 적그리스도를 상징한다(단 7:8, 24-26). 이 철의 제국 로마가 B.C. 63년 드디어 폼페이 장군을 앞세워 예루살렘을 함락함으로써 이스라엘은 또 다시 새로운 패권국의 지배를 받는 식민지의 신세가 되고 말았다. 폼페이우스는 유대를 점령한 후 히르카누스 2세를 유대 통치자로 세웠다. 폼페이가 유대 정복을 마치고 본국으로 돌아왔을 때 로마는 B.C. 59년에 율리우스 카이사르(Julius Caesar, 시저)가 집정관(통령)으로 선출되어 크라수스, 폼페이우스와 함께 1차 삼두 정치를 하던 시대였다. 이후 주전 53년 파르티아와의 '카라이 전투'에서 크라수스가 전사하고, 폼페이우스와 권력 다툼을 하던 카이사르는 주전 45-44년에 원로원 세력을 물리치고 단독으로 권력을 행사함으로써 로마의 최고 통치자가 되었다. 그러나 카이사르도 원로원에 의해 암살되고 그의 양아들 옥타비아누스가 로마 제국의 첫 번째 황제가 되었다.

헤롯 가문의 등장

헤롯 안티파타는 알렉산드라 살로메 여왕에 의하여 팔레스타인 지방 이두메 총독으로 임명된 자이다. 그는 하스몬 왕조의 혼란기에는 독자적으로 이두메 지역을 통치하였으며 자체 군대를 거느리고 있을 정도였다. 이두메 지역은 현재의 네게브 지역으로 에서의 후손 에돔 족속이 왕국을 형성하고 지배하던 곳이다. 에돔은 야곱의 형 에서의 후예로서 "붉다"는 뜻이다. 이들은 보스라 (Bozrah)를 수도로 삼고 번성했다. 에돔은 주전 14세기에 사해 남부에 정착해서 주전 13-8세기에 번성했고, 주전 6세기 바벨론에 의해 무너졌다(주전 587). 최고 전성기에 에돔은 북쪽으로는 모압, 서쪽은 아라바, 남쪽은 항구 도시 엘랏, 동쪽은 아라비아 사막을 경계로 하는 거대한 왕국을 이루었다.

2-1. 헤롯 안티파타(Herod Antipater, B.C. 55 - 43)

헤롯 안티파타(Herod Antipater)는 헤롯 왕가의 창시자로서 헤롯 대왕의 아버지이다. 하스몬 왕조의 이두메 총독이었던 그는 알렉산드라 왕이 죽자 왕의 후계 문제를 놓고 다투는 두 아들 히르카누스 2세와 아리스토블루스 2세 때에 실권을 잡게 된다. 히르카누스 2세는 로마의 스카우러스 장군에 의하여 대제사장으로 임명되나 하스몬 왕조의 왕으로는 행세하지는 못하였다.

헤롯 대왕의 아버지 안티파타는 폼페이 장군과 결탁하여 하스몬 왕조를 무너뜨리고 B.C. 63년 유대를 로마의 속국으로 넘긴 인물이다. 그는 유대를 로마에 넘기고 로마로 가서 율리우스 카이사르가 정복한 지금의 서유럽(갈리아 지방)의 총독으로 부임하며 자신의 아들인 헤롯을 유대인의 왕(분봉왕)으로 임명하도록 옥타비안 황제를 설득하여 헤롯 왕가의 문을 열게 된다.

이와 같이 그리스와 로마의 시대적 패권이 바뀌는 혼란을 틈타 유다의 마지막 왕인 히스모니안 왕가의 고문이었던 에돔인의 후예 이두메인인 안티파타(안티파테르)는 로마와 결탁하여 하스모니안 왕조를 무너뜨리고 유대 지역의 권력자로 등장하지만 B.C. 43년경에 열광적인 유대인에 의해 안티파타는 독살당하고 만다.

성경에서는 헤롯이라는 이름이 몇 사람 등장한다. 첫째, 예수님이 나셨을 때 동방 박사들이 별을 보고 찾아왔다가 만난 헤롯이다(마 2:1). 이 사람이 헤롯 대왕이다. 둘째, 세례 요한의 목을 벤 왕인 헤롯 안티파스이다(막 6:18). 셋째, 베드로를 잡아 가두었다가 벌레가 먹어 죽은 헤롯이다(행 12:23). 이 사람이 헤롯 대왕의 손자인 헤롯 아그립바 1세이다. 넷째, 바울이 잡혀서 심문을 당할 때 그 앞에 섰던 아그립바 왕이 나오는데 이 사람이 아그립바 1세의 아들인 헤롯 아그립바 2세이다(행 26:31).

2-2. 헤롯 대왕(B.C. 37 - 4)

"헤롯 왕 때에 예수께서 유대 베들레헴에서 나시매(마 2:1)."

헤롯의 아버지는 이도메네아의 안티파타, 어머니는 나바테아 왕국의 페트라의 공주 키프로스로 헤롯은 이들 사이에서 태어난 둘째 아들이며, 그의 가문은 이도메네아의 부유하고 유력한 가문이었다. 이도메네아(이두매, 에돔)는 유대 남쪽의 지역이며, 마카비 가문의 요한 히르카누스에 의해 정복당한 후 유대교로 개종했다. 성경에는 이도메네아 지방을 이두매(개역한글판, 개역개정판, 표준새번역) 또는 에돔(공동번역성서)으로 번역했는데 그 이유는 "에돔"을 헬라어로 "이두매"라고 하기 때문이다. 영어 성경에서는 이두메아(Idumea, NIV와 NASB), 이두마에아(Idumaea, KJV)라고 한다. 따라서 헤롯은 유대인이 아니라, 에돔에서 태어난 이방인이었다. 이는 유대 사람들이 헤롯을 싫어하는 원인이 되었다. 그래서 헤롯은 유대 사람들의 마음을 얻고자, 솔로몬 왕 시대의 영광이 담긴 예루살렘 성전을 재건하고, 로마 군인들이 함부로 드나들지 못하도록 하는 유대교 우대 정책과 수도 시설 개선 사업을 실행했다.

안티파타는 폼페이나 시저와 같은 로마의 유력자들과 유대 관계를 유지하면서 기원전 47년 유대의 지방 행정관으로 임명되었고 25살이던 아들 헤롯을 갈릴리 지역의 총독으로 임명했다.

기원전 43년 아버지 안티파타가 의문의 독살을 당하자 그는 암살자를 처형하고 돌아와 당시 명목상 유대의 왕가였던 하스몬 왕조의 공주 마리암의 청혼을 받았다. 당시 마리암은 아직 10대였으나 헤롯은 첫 번째 부인인 도리스와 3살 난 아들 안티파타(할아버지 이름과 같음)를 버리고 마리암과 결혼하여 전통적인 유대교 제사장(사제) 가문과 결합하여 유대인의 환심을 사려했다.

기원전 40년 하스몬 왕조의 안티고노스와 파르티아가 유대를 침공하자 그는 로마로 도망쳤고 거기서 로마 원로원으로부터 "유대의 왕"의 칭호를 받은 후 기원전 37년 유대로 돌아와 안티고노스를 물리치고 집권한 이래 34년간 유대의 왕으로 다스렸다. 로마의 마르쿠스 안토니우스와 옥타비아누스 사이의 내전 당시 헤롯은 안토니우스를 지원했으나 나중에 옥타비아누스가 승리하자 로도스 섬에 있던 옥타비아누스를 만나 충성을 맹세하고 "유대의 왕"의 지위를 다시 한번 인정받았다.

유대 역사가 요세푸스에 따르면, 헤롯은 마리암을 깊이 사랑하는 한편 또 질투에 눈이 멀어 그녀를 간통죄로 처형했다. 그 이유는 그의 여동생인 살로메가 '마리암'을 모함한 것을 헤롯이 그대로 믿었기 때문이다. 마리암의 처형 이후 장모 알렉산드라는 헤롯이 정신적으로 문제가 있다고 주장하며 자신을 여왕으로 선포했다. 결국 실패하였고 헤롯은 그녀를 재판없이 죽였다.

치세와 업적

헤롯은 로마의 영향을 받아 자기 영토에 일종의 토목 사업을 일으켜 많은 도시와 요새를 건설했다. 예루살렘에 수도 시설을 정비하고 새로이 왕궁을 건설하고 국경에 마사다와 같은 요새를 새로이 정비하기도 했다. 또한 당시에 배를 건조하는 데 꼭 필요했던 아스팔트를 사해에서 추출하여 이집트의 클레오파트라와 배분하여 독점하였고 아우구스투스로부터 키프로스의 구리 광산을 임대하여 돈을 벌어들였다. 당시에 그가 건설한 도시로 유명한 것은 가이사라 마르티아와 그 항구, 그리고 옛 사마리아의 유적 위에 세워져 아우구스투스에게 봉헌된 세바스테인데 가이사라는 나중에 유대가 로마의 직할령이 된 후 그 지역의 수도가 되었다.

또한 유대인의 환심을 사기 위해 솔로몬 시대의 영광인 예루살렘 성전을 더 크고 화려하게 재건했는데 이것을 헤롯의 성전 또는 제2성전이라고 부른다. 헤롯은 그 외에 다마스커스, 안디옥, 로도스 등에 수많은 건물을 지었고, 로마의 극장과 원형 경기장을 짓는 등 유대 전통과 맞지 않는 친로마적 환경을 조성했다. 또한 올림픽 경기를 재정적으로 지원하고 그 주관자가 되기도 했다. 이 때문에 유대 지역에서는 헤롯에 대한 반감을 가진 유대인이 많았는데 메시아가 도래하면 헤롯의 통치가 끝날 것이라고 주장하는 바리새파가 그 대표적인 예이다. 반면 그는 그리스-로마인들이나 유대 지역 외의 유대인에게는 대체로 좋은 평가를 받았다. 때론 아나톨리아와 크레네에 사는 유대인의 보호자로 자처하기도 하였다.

죽음과 후계 문제

헤롯의 가정사는 끊임없는 의심, 모함과 처형으로 얼룩졌다. 그는 여섯 번 결혼했는데 그 중에서 가장 사랑했던 부인 마리암을 죽였고 그녀 사이에서 태어난 두 아들과 장모까지도 죽여버렸다. 그는 정신적으로나 육체적으로 큰 고통 속에서 살았으며 정서적으로 불안해 했다. 후계자 문제를 두고 수차례 유언을 번복하기도 하고 결국, 왕위를 물려주려 했던 맏아들 안티파텔을 재판에 올려서 아우구스투스의 허락하에 처형했다.

역사가 요세푸스에 따르면, 그는 기원전 4년 봄에 극심한 고통 가운데서 죽었다고 한다. 그는 마지막 유언을 통해 자기 영토를 3명의 아들에게 나누어 주었는데 헤롯 아켈라오스에게는 자신의 전 영토를 주었고, 헤롯 안티파에게는 갈릴리와 페레아를, 헤롯 빌립 1세에게는 골란 지역과 베타니아, 트라코니티스를 각각 나누어 주었다. 그러나 이 마지막 유언은 아우구스투스의 허락을 얻지 못했고 결국 세 아들 모두 '왕'의 칭호를 받지 못했다.

2-3. 헤롯 안티바(Herod Antipas, B.C. 3-A.D. 39)(막 6:14; 마 14:1, 9)

(1) 헤롯 대왕의 둘째 아들로 헤롯 대왕이 죽은 후 갈릴리와 베뢰아 지역의 분봉왕이 되었다(눅 3:1).

(2) 나바틴 왕의 딸과 20년간 결혼 생활을 해오다가 이복 형제인 헤롯 빌립의 아내 헤로디아를 아내로 취하여 세례 요한

으로부터 책망을 받았고, 이로 인해 세례 요한은 체포 투옥되었다가 살해되었다. 헤롯 빌립과 헤로디아 사이에서 낳은 살로메의 춤과 그녀가 요구한 요한의 머리에 대한 이야기가 성경에 기록되어 있다(막 6:14-29).

(3) 헤롯 안티바는 빌라도에 의해 호송 되어온 예수님을 재판하였는데 예수님을 업신여기며 희롱한 후 다시 빌라도에게 넘겨주는 등, 서로 원수지간이었던 빌라도와 헤롯 안티바는 이 일로 당일에 친구가 되었다(눅 23:7-11).

(4) 예수님은 헤롯 안티바를 여우(눅 13:32)라고 하셨고 헤롯의 누룩을(막 8:15) 주의하라고 하셨다.

(5) 그는 갈릴리 해안에 로마 황제 티베리우스(Tiberius)의 이름을 따라 디베랴라는 도시를 건설하였으며 갈릴리 바다도 디베랴 바다라고 불렀다. 부활하신 예수님이 베드로를 만난 장소가 디베랴 해변이다.

(6) 헤로디아의 남동생인 아그립바 1세에게 로마 황제 칼리굴라가 왕의 표를 준 것을 보고 자신도 요청하던 중 이반자로 모략을 당해 분봉왕의 자리에서 쫓겨나고 아그립바가 그 자리를 차지하게 된다.

2-4. 헤롯 아켈라오스(Herod Archelaus, B.C. 4-A.D. 6, 약 9년간 통치)

(1) 헤롯 대왕의 아들로 헤롯 안티바의 동생이며 예루살렘과 베들레헴이 있는 남쪽 지역을 다스렸던 분봉왕이었다.

(2) 헤롯 아켈라오스는 포악한 정치를 한 왕으로 알려져 있다. 당시 애굽에 있었던 요셉과 마리아는 천사가 예루살렘으로 돌아가라는 말을 듣고 두려워하였고 결국 갈릴리 지방의 나사렛으로 가게 되었다(마 2:21, 22).

(3) 갑바도니아 왕녀와 결혼했는데 유대법상 자녀를 가진 과부와 결혼을 금지하는 규례를 어기자 헤롯 아켈라오스의 폭정으로 시달리던 유대와 사마리아 대표들이 로마 황제에게 찾아가 고발하였는데 로마 황제는 헤롯 아켈라오스를 축출하고 아켈라오스가 다스리던 예루살렘과 베들레헴이 있는 팔레스틴 남쪽 지역에 분봉왕 대신 로마의 총독을 파송한다. 그가 예수님을 심문하고 십자가에 처형하도록 내 준 빌라도 총독이다.

2-5. 헤롯 빌립 1세

헤롯 대왕과 대제사장 시몬의 딸인 미리암(혹은 미리암네 2세) 사이에서 태어났으며 이복 조카 딸인 헤로디아와 결혼(마 14:3)했으며 살로메의 친아버지이다. 분봉왕은 아니었다.

2-6. 헤롯 빌립 2세(Herod Philip, B.C. 4-A.D. 34)

(1) 이두메와 드라고닛 지방의 분봉왕이었다(눅 3:1).

(2) 헤롯 대왕과 5번째 부인 클레오파트라 사이에서 태어났다.

(3) 헤롯 빌립 1세의 딸 살로메와 결혼하였다.

(4) 요단 동쪽 상류 지역에 파네이온(Paneion, 벳세다)을 재건하고 가이사 황제를 기린다는 의미에서 이 도시의 이름을 가이사랴 빌립보로 불렀다.

(5) 헤롯 가문의 왕 중에서 가장 온순한 왕으로 알려져 있다.

2-7. 헤롯 아그립바 1세(Herod Aggrippa I, A.D. 37-44)

(1) 헤롯 대왕의 손자로 헤롯 대왕이 미리암(대제사장 시몬의 딸 미리암네가 아님)와의 사이에서 태어난 아리스토불루스의 아들이다. 헤로디아는 그의 여자 형제이다.

(2) 헤롯 아그립바는 예수님의 동생인 야고보 사도를 죽이고(행 12:2) 베드로를 투옥한 왕이다. 후에 하나님께 영광을 돌리지 않음으로 인해 벌레에게 먹혀서 죽었다(행 12:1-23).

(3) 헤롯 아그립바 1세는 로마 황실에서 교육을 받으며 자라났고 클라우디오가 로마 황제로 등극하는 데 공을 세운 대가로 유대와 사마리아를 통치할 권한을 부여받았다.

2-8. 헤롯 아그립바 2세(Herod Agrippa, A.D. 27-100)

(1) 헤롯 왕가의 마지막 분봉왕으로 헤롯 대왕의 증손자이며 헤롯 아그립바 1세의 아들이다.

(2) 헤롯 아그립바 2세에게는 두르실라와 버니게라는 여자 형제가 있다. 사도행전 24장 24절에는 두르실라가 벨릭스의 아내로 되어 있는데 이 두르실라가 헤롯 아그립바 2세의 여자

형제이다. 따라서 총독 벨릭스는 헤롯 아그립바 2세의 처남이다.

(3) 벨릭스 후임으로 온 베스도 총독과 함께 바울을 심문하기도 했다(행 25; 26장).

(4) 헤롯 아그립바 2세는 자기 여자 형제인 버니게와 근친상간을 한 것으로 알려져 유대인들의 지지를 받지 못했다.

(5) 주후 70년에 예루살렘이 정복된 후에는 티터스(Titus)와 함께 로마로 가서 행정관으로 임명된 후 주후 약 100년경까지 산 것으로 추정되는 헤롯 왕가의 마지막 통치자다.

결론

헤롯 가문이 이스라엘의 왕이 된 것은 신명기 17장 왕의 조건과는 완전히 거리가 멀다. 절대로 왕이 되어서는 안 되는 가문이다. 성경은 분명히 이스라엘 왕의 조건으로 하나님의 택하심을 받아야 하며 이스라엘 형제 중에서 뽑아야 한다고 명시되어 있다. 하나님이 이 조건을 내세운 이유는 이스라엘이라는 나라의 건국 이유가 제사장의 나라로 하나님 신앙의 자유를 지키게 하기 위해서이다. 초대 왕 사울이 세워진 이후 이스라엘인이 아닌 왕이 세워진 적은 없다. 북이스라엘 왕국을 세운 여로보암조차도 에브라임 족속의 사람이었다.

헤롯 가문이 이스라엘 왕이 되어서는 안 되는 이유는 그들은 이스라엘 족속이 아니라 이두매인(에돔)(Idumea)이었기 때문이다. 이두매인이라는 말은 아브라함의 아들 이삭의 장남인 에서의 후손으로 에돔 족속의 후예들이다. 에서는 장자 축복권을 잃고 헷 족속인 유딧과 바스맛(이스마엘의 딸)을 아내로 취했으며(창 26:34-35; 창 36:3) 세일산 일대에 살면서 에돔 족속의 조상이 되었다. 예루살렘이 멸망할 당시 에돔은 바벨론에 가담하여 유대의 성들을 점령하였다(겔 35:15). 이후 에돔은 주변 민족과 함께 바벨론에 대항하였지만 그 세력은 점차 약해졌고 유목 민족인 나바테인들이 침략해 오자 에돔은 북상하여 헤브론을 수도로 삼았다. 알렉산더 대왕 시대부터 에돔은 이두매로 불려졌으며 B.C. 2세기 하스몬 왕조의 존 히르카누스는 이두매를 정복하고 유대인들의 반대에도 불구하고 그들을 강제로 유대교로 개종시켰다. 유대교로 개종한 이두매는 점차 영향력을 가지게 되었고 헤롯 왕가의 창시자였던 안티파타(Antipater)는 이두매인과 유대인 사이의 혼혈로 헬라 시대와 로마 시대의 패권 이전의 혼란을 틈타 교묘한 줄타기로 B.C. 37년 로마로부터 유대 지역의 왕으로 임명 받았다.

그리고 예수님의 지상 사역과 헤롯 왕가의 이스라엘 통치 기간이 겹치면서 성경에 가장 많이 등장하는 왕가가 되었지만 예수님의 구속 사역과 정면으로 대치되는 악인들로 등장한다. 하나님의 뜻이 배제된 헤롯 왕가는 로마 장군 티터스에 의해 예수님의 예언처럼 A.D. 70년 예루살렘 성전의 돌 위에 돌 하나 남지 않고 무너져 내린 것처럼 1948년 이스라엘이 재건국되기까지 지구상에서 2천여 년간 국가로서의 이름이 사라진다.

우리는 왜 이스라엘이라는 나라가 멸망하여 지구상에 흔적 없이 사라지고 유대인들은 2000여 년 동안 나라 없는 민족으로 온 세계에 흩어져 살게 되었는지를 하나님의 역사를 통해 철저히 배워 그 교훈을 얻어야 한다.

05

제사장 직분과 목사의 직분

05 제사장 직분과 목사의 직분

제사의 의미

제사장(Cohen)이란 "다리를 놓은 사람"이라는 뜻이다. 제사장은 하나님과 인간 사이의 다리를 놓은 중재자 역할을 하는 사람들이다. 죄인인 인간이 의인이신 하나님을 만나기 위해서는 먼저 죄를 씻는 행위가 전제되어야 했다. 그런데 죄를 씻기 위해서는 대속물(번제)을 희생시켜 그 피로 씻어야 했다. 이 행위를 제사라고 한다. 이 제사를 집전하기 위해 사람이 필요한데 그가 바로 중보자 역할을 하는 제사장이다.

제사를 드릴 때 희생 제물을 드려야 하는 이유는 아담과 하와가 범죄한 후 인간 세상에 죄가 들어 왔기 때문이다. 죄의 대가는 죽음이다. 그래서 인간의 죄로 인해 누군가는 대신 죽어야 했다. 그래서 희생 제물이 필요한 것이다. 죄가 없으신 하나님을 만나기 위해서는 죄의 문제를 해결해야 한다. 죄로 인해 창피함을 알게 된 아담과 하와가 의인이신 하나님을 만날 수 없어 나무 뒤로 숨게 되었다. 벗은 모습이 창피하여 부끄러움을 가리기 위해 나뭇잎으로 옷을 해 입어 부끄러운 곳을 가렸지만 곧 말라 비틀어져 그 역할을 못하자 하나님이 그들의 부끄러움을 가려주시기 위해 짐승을 잡아 가죽 옷을 해 입히셨다(창 3:21). 아담과 하와가 지은 죄와 수치를 덮기 위해 짐승이 대신 죽었다. 그래서 피흘림이 없이는 죄 사함이 없다(히 9:22). 육체의 생명은 피(레 17:11)에 있기 때문에 대속 제물의 피를 단에 뿌려 우리의 죄를 속죄하게 된다. 예수님이 오셔서 대속 제물이 되시기 전까지는 반드시 제사를 드릴 때 희생 제물을 드려야 했다. 이 제사를 집전하는 사람이 바로 제사장이다. 이 제사의 구속사적 메커니즘을 이해하지 못하면 세례 요한과 예수님의 관계를 설명할 수 없다.

제사장 직분

모세의 시내산 언약 이전에는 제사를 드리기 위한 성막이나 건물이 없이 야외에 단을 쌓고 불을 피워 희생 제물을 드려 제사를 드렸고 집안의 가장이나 족장이 제사를 집전하였다. 그러나 모세에 의해 성막이 세워지고 성막 제사가 시작되자 제사를 집전하는 제사장이 필요했고 성막의 기구를 담당할 일꾼이 필요했다. 그래서 하나님은 레위인들을 세워 이 일을 감당하게 하였다. 구약 시대에 제사장은 성전에서 종교적 의식을 맡은 사람들로 하나님께서는 모세의 형 아론과 그의 자손들로 하여금 제사장직을 감당하도록 하였다(출 28:1-3; 29:9). 하나님은 아론과 그의 자손들이 하나님의 이름으로 이스라엘 백성들을 축복하면 그들에게 복을 주리라고 약속하셨다(민 6:27).

하나님은 인간의 죄를 속하기 위한 제사의 일을 맡아야 할 사명을 레위 지파에게 맡기셨다. 이유는 원래 시므온과 레위 지파는 야곱의 첫째 부인 레아의 둘째와 셋째 후손들인데 그 잔인성으로 인해 분깃을 나눌 때 지파의 기업을 누리지 못하고 각 지파에 흩어져 살도록 저주를 받았다. 시므온과 레위는 히위 족속 중 하몰의 아들 세겜에게 강간 당한 여동생 디나의 원수를 갚기 위해서 할례를 하면 디나를 주겠다고 세겜 사람들을 속여 그 곳의 모든 남자들을 죽여버렸다(창 34장). 이로 인해 위협을 느낀 야곱이 모든 가족을 데리고 급히 벧엘로 피신하는 사건이 일어났다. 후에 야곱은 이러한 그들의 잔인성으로 인해 그들이 기업을 차지하지 못하고 각 지파로 흩어져 살 것이라고 저주를 하고 만다(창 49:7).

그러나 레위 지파는 후에 거룩한 일에 헌신을 함으로 이러한 저주를 축복으로 바꿀 수 있게 되었는데 모세가 시내산에 올라가서 성막에 관한 계시를 받는 동안에 산 아래에서는 모세가 더디옴을 틈타 금송아지를 만들고 그 앞에 제사를 지내는 사건이 일어났다(출 32장). 이때 하나님은 모세에게 산 아래로 내려가라고 지시하셨다. 모세는 산에서 내려와서 금송아지를 만든 아론을 추궁하고, 그 금송아지를 가루로 만들어서 이스라엘 자손들로 마시게 했다.

이스라엘 백성들이 여호와 앞에 방자하게 행하는 것을 본 모세는 그들을 심판하기 위해서 자원자를 모집했다. 그때 모세 앞에 자원자로 나선 사람들이 바로 레위 지파였다(출 32:26). 레위 지파 사람들은 우상 숭배의 악을 제거하기 위해서 허리에 칼을 차고 형제와 친구들을 죽이는 일을 감행했다. 레위 지파가 어려운 결단을 내려 헌신함으로 우상 숭배를 주동한 주동자와 이에 동조한 사람들을 제거할 수 있었다. 이때 레위 지파 사람들은 신앙의 청결함을 위해 형제와 친구를 죽여야만 하는 일에 헌신함으로 백성들 중에서 악을 제하는 막중한 일을 하게 된다.

이로 인해 모세는 그들의 헌신에 대해서 하나님께서 축복하실 것이라고 선언하고 임종 직전에는 레위 지파가 제사장 직분을 맡게 될 것이라고 예고했다(신 33:8-11).

제사장 직분은 두 가지였는데, 하나는 백성들에게 율법을 가르치는 일이었으며, 둘째는 백성들을 대신해서 희생제사를 드리는 일이었다. 모세는 하나님께서 이러한 직분을 레위 지파에게 주셨다고 선언했다(신 33:10).

그리고 레위 지파의 헌신에 대한 또 한 가지 중요한 언약은 아론의 손자인 비느하스에게 주어진 언약이다. 이스라엘이 모압 땅 싯딤에 머무를 때 이스라엘 백성들이 모압의 우상 바알브올 숭배에 빠져 하나님의 큰 징계를 받게 되었다. 이때 아론의 손자 엘르아살의 아들인 비느하스가 모압 여인과 음행했던 이스라엘 남자와 모압 여인을 창으로 찔러 하나님의 진노가 거두어지게 하였다. 이로 인해 비느하스와 그의 후손은 영원히 제사장 직분을 맡게 될 것이라는 하나님의 약속을 받게 되었던 것이다(민 25:12-13).

구약 시대 제사장들의 사역

구약 시대에 하나님께서는 모세를 불러 시내산에서 율법을 주시면서, 성막 제사를 허락하신다. 이제 단 제사에서 성막 제사로 제사의 형태가 한 걸음 더 제도화되어 갔다. 이에 따라 성막 제사를 집전할 제사장이라는 직분을 세워서 그 일들을 감당하도록 하셨다. 그들은 레위 지파 사람들 중에서 고핫 자손이었던 아론과 그의 아들들만 될 수 있었다(출 28:1; 민 3:10). 그런데 그들이 제사장의 일을 감당하려면 신체에 흠이 없어야 했다(레 21:17-21). 그리고 시체를 가까이 해서는 안 되었다(레 21:1-4). 다만 가족이 죽었을 때만은 예외였다. 한편, 대제사장은 가족이 죽어도 시체를 가까이 하면 안 되었다(레 21:10-

11). 또한 제사장의 결혼 제도도 까다로워 언제나 처녀와만 결혼해야 했고 부정한 창녀나 이혼 당한 여인이나 기생이나 과부와의 결혼은 철저히 금지되었다(레 21:7, 13-15; 겔 4:22). 왜냐하면 제사장은 거룩한 것과 더러운 것, 부정한 것과 깨끗한 것을 구별하는 일을 감당해야 했기 때문이다(겔 44:23).

이들의 중요 사역을 정리하면 다음과 같다.

첫째, 제사장은 번제단에서 제사드리는 일을 하였다(출 40:20; 레 4:1-30). 제사장의 제일 임무는 성전(성막)에서 족장들이나 백성들을 위하여 제사를 드리는 일을 감당하는 자들이다. 이들은 성전(성막)의 번제단에서 족장들이나 백성들이 드리는 5대 제사(번제, 속제, 화목제, 속죄제, 속건제)를 드리는 일을 감당하였다.

둘째, 제사장은 성소에 들어가 날마다 아침과 저녁으로 일곱 금촛대의 불을 점검하고 정리하며, 기름을 채워넣는 일을 하였다(출 27:21; 레 24:4).

셋째, 제사장은 성소에 들어가 날마다 아침 저녁으로 향단에 향을 살라야 했다(출 30:7-8).

넷째, 제사장은 성소에 들어가 매 안식일에 떡상에 12덩이의 떡을 진설해야 했다(출 25:29-30; 레 24:5-8; 삼상 21:4-6). 이때 떡을 직접 만드는 일은 레위인들 중에 고핫 자손이 하게 했다.

다섯째, 제사장들은 율법의 규정에 따라 백성을 재판하는 일도 수행하였다(신 21:5). 그러나 나중에는 이러한 일들은 서기관(율법사)이 감당했고, 그 후에는 바리새인들이 감당했으며, 예수님 당시에는 산헤드린 공회가 이 일을 감당하였다.

여섯째, 병을 진단하는 일을 하였다(레 13장-15장). 제사장은 율법 규례에 따라 그가 나병 환자인지 아닌지, 유출병에 걸렸는지 아닌지를 진단하는 일을 해야 했다. 출애굽 당시 단체 생활을 해야 했기 때문에 전염병에 대한 진단은 제사장의 임무 중의 중요한 하나가 되었다.

일곱째, 제사장이 전쟁에서 나팔을 부는 일들도 수행하였다(민 10:8; 31:6; 수 6:4-20; 대상 15:24; 16:6).

마지막으로 율법을 가르치는 일이었다(학 2:11; 느 8:1-4). 이런 일들은 바벨론 포로기를 거치면서 제사장 겸 학사(서기관)가 감당하다가(스 7:1-6, 11-12; 느 8:1-4), 후에 서기관들과 바리새인들이 행하는 주된 사역이 되었다.

대제사장의 자격과 직무

위에서 언급한 것처럼 구약 시대 제사장은 오직 아론과 그의 후손들만 될 수 있었다. 일종의 세습직이었던 것이다. 그런데 시간이 흐르자 제사장들의 수효가 차츰 많아졌다. 그러다 보니 대제사장직을 따로 세워야 했다. 대부분 대제사장의 맏아들이 대제사장이 되었다. 하지만 두 번째 성전이 재건된 후 헬라 제국 시대에 대제사장직은 정치적 이익에 따라 임명직이 되는 타락상을 보였다.

한편, 대제사장들에게는 일반 제사장을 구별하기 위해 특별히 제작한 옷을 입게 하였는데, 그것을 "에봇"이라고 불렀다(출 28:1-43). 그리고 그들은 머리에는 관을 매었으며(출 28:36-38), 가슴에는 12가지 보석으로 단장된 "판결 흉패"를 찼는데(출 28:15-30), 그 안에는 "우림(빛)과 둠밈(완전)"이라는 흰 돌과 검은 돌이 들어 있었다(민 27:21; 삼상 28:6; 삼상 30:7-8). 그것은 난해한 최종 판결을 하는 데 사용되었다. 다윗은 아히멜렉의 아들 제사장 아비아달을 통하여 자신의 앞길을 우림과 둠밈 판결로 하나님께 물어 앞으로 나가는 믿음을 보이기도 했다.

그렇다면 대제사장이 감당했던 직무는 무엇이었을까? 대제사장은 아론의 직계 가문에게만 맡겨졌는데 일반 제사장처럼 제사일을 하는 존재이나 수행하는 장소가 달랐으며, 일반 제사장들이 할 수 없는 중요한 임무를 한 가지 감당하였다. 먼저 대제사장이 제사장들처럼 하는 제사 일은 다른 제사장들처럼 짐승의 피를 뿌리고 향을 사르는 일을 하였는데 그 장소가 달랐다. 아론의 가문 제사장 중에 제비로 뽑힌 제사장이 대제사장이 되어 지성소에 들어가 향을 사르고 짐승의 피를 뿌렸기 때문이다. 이 제사를 일컬어 "속죄일 제사"(욤키프르)라고 부르는데, 이것은 대제사장만이 홀로 1년 1차 속죄일(7월 10일)에 하는 일이었다(레 16장; 히 9:7). 대제사장은 이날 지성소에 들어가 온 백성의 죄를 속하기 위한 속죄의 피를 뿌렸다. 이날 더럽혀진 분향단도 속죄하는 제사를 드렸다.

또한 대제사장은 백성들의 죄를 대신 속죄받는 일뿐 아니라 백성들을 축복하는 일을 감당하였다(민 6:22-27; 신 28:1-6; 대상 23:13). 그때 대제사장은 백성을 향해 복 주시기를 선포하는데, 하나님께서 그들을 보호해 주시기를, 그리고 은혜와 평강 주시기를 선포하여야 했다. 이러한 대제사장에 의한 축복 기도의 대표적인 예는 삼상 1장에 나오는 엘리 제사장의 축복 기도다(삼상 1:17). 엘리 대제사장의 축복 기도에 따라 한나는 사무엘을 임신할 수 있었다(삼상 1:27-28).

구약의 제사장 제도는 성막이 세워지면서 마련되었다. 그 주된 임무가 제사를 집전하며 성구를 관리하는 일로 구약 제사에서는 없어서는 안 되는 주요한 임무를 수행하였다. 제사를 집전한다는 것은 하나님과 인간의 중보자 역할을 한다는 것이다. 이것이 그 주된 임무였다. 그러나 하나님의 구속사에 의해 대주재이신 예수님이 우리의 대제사장(중보자)으로 세워지면서 제사장 역할은 그 시대적 사명을 다했다고 볼 수 있다.

예수님이 이 땅에 오셔서 십자가의 희생 제물이 되시기 전까지는 제사장의 역할이 필요했다. 하지만 십자가의 구속 사역을 통하여 예수님이 속죄 제물이 되심으로 성전의 성소의 휘장이 위로부터 아래로 찢어졌고 예수 그리스도의 십자가 피를 믿는 자들은 하나님의 성소에 들어가는 담대함을 얻었기 때문에 더 이상 제사장이 필요 없다.

"그러므로 형제들아, 우리가 예수의 피를 힘입어 성소에 들어갈 담력을 얻었나니 그 길은 우리를 위하여 휘장 가운데로 열어 놓으신 새롭고 산 길이요 휘장은 곧 저의 육체니라(히 10:19-20).

구속사의 메커니즘으로 본 세례 요한과 예수님의 관계

그렇다면, 문제는 예수님이 이 땅에 오셔서 사람들을 만나 저들을 구원해야 하는데 제사 제도가 주는 메커니즘으로 보자면 예수님이 이 땅에 오셨다고 바로 사람들을 만날 수 있는 것이 아니었다. 그 이유는 예수님은 하나님의 아들로 인간의 몸을 입고 오셨지만 죄가 없으신 분이기 때문이다. 죄가 없는 의인이 죄인을 직접 만날 수 없는 이유는 의인과 죄인이 함께 할 수 없기 때문이다. 만약 이 논리가 무너진다면 제사의 역할이 무의미해지기 때문이다. 구약에서는 죄인이 의인이신 하나님을 만날 수 없기에 제사로 그 죄의 속함을 받아야 했다. 제사장이 세워지는 구속사적 메커니즘의 역할로 보면 예수님은 의인이시고 인간은 죄인이므로 예수님이 오셔도 죄를 가진 인간은 예수님을 직접 만날 수가 없는 시스템으로 되어 있다.

예수님이 공생애의 사역을 하시기 위해서는 죄인인 사람을 만나야 하는데 예수님과 사람들 사이에는 죄라는 칸막이가 가로막고 서 있다. 바로 죄의 문제를 해결하면 예수님과 사람들이 만날 수 있다. 이 죄의 문제를 해결하기 위해 예수님보다 먼저 파견된 사람이 세례 요한이다. 예수님이 공생애를 시작하기 전에 이미 세례 요한이 먼저 광야에 나타나 "회개하라. 천국이 가까이 왔느니라."고 외쳤다. 이에 많은 백성이 그 앞에 나와 회개의 세례를 받았다(마 3:5-6). 그래서 제사장 사가랴의 아들 요한을 세례 요한이라고 부른다. 이것이 세례 요한이 예수님의 길을 닦으러 온 이유이다.

세례 요한은 누구인가?

말라기 선지자는 예수님이 오시기 전 400여 년 전에 메시아의 길을 닦을 자가 오리라 예언했다.

"보라 여호와의 크고 두려운 날이 이르기 전에 내가 선지 엘리야를 너희에게 보내리니 그가 아비의 마음을 자녀에게로 돌이키게 하고 자녀들의 마음을 그들의 아비에게로 돌이키게 하리라 돌이키지 아니하면 두렵건대 내가 와서 저주로 그 땅을 칠까 하노라 하시니라"(말 4:5-6).

마태복음의 기자는 세례 요한을 말라기 선지자의 지적처럼 엘리야로 묘사하고 있다.

"광야에서 외치는 자의 소리가 있어 가로되 너희는 주의 길을 예비하라 그의 첩경을 평탄케 하라"(마 3:3; 사 40:3).

이사야 40:3의 말씀을 인용하면서 세례 요한을 엘리야로 알려주고 있다.

"이 요한은 약대 털옷을 입고 허리에 가죽 띠를 띠고 음식은 메뚜기와 석청이었더라"(마 3:4).

구약에서 디셉 사람 엘리야는 광야에서 외치는 자의 소리였다. 북이스라엘 왕 아하시야가 다락 난간에서 떨어져 병이 들자 에그론의 신 바알세붑에게 병이 낫겠는지를 물으러 사신을 보내는데 이를 본 엘리야가 "이스라엘에 하나님이 없어서 너희들이 에그론의 신 바알세붑에게 물으러 가느냐"고 호통을 쳤다. 그리고 엘리야는 털이 많은 사람으로 허리에는 가죽 띠를 띠었다고 묘사하고 있다(왕상 1:8).

세례 요한을 알아보게 하기 위해 하나님은 말라기 선지자로 하여금 엘리야를 언급하게 하셨다. 그러면 400년 동안 헬라와 로마의 통치하에 정치적으로 식민지가 되어 메시아를 간절히 기다리고 있는 이스라엘 백성들이 구약 성경의 말라기 선지자의 글을 제대로 읽었다면 세례 요한이 누군지 알아 봤을 것이다. 광야에서 엘리야처럼 약대 털옷을 입고 허리에 가죽 띠를 띠고 석청과 메뚜기를 먹고 살면서 메시아를 언급하고 있는 사람을 보면 메시아의 길을 닦으러 온 사람인 것을 알아채야 하지만 영적으로 둔감해진 종교 지도자들은 그를 알아보지 못했다. 하지만 백성들은 세례 요한 앞에 나가 그의 외침 소리에

귀 기울이기 시작했다.

세례 요한을 왜 엘리야로 묘사하고 있는가?

엘리야 선지자가 제자인 엘리사와 이야기를 하며 길을 걷다가 홀연히 불수레와 불말이 나타나 회오리 바람과 함께 사라져 버리는 사건이 발생했다(왕하 2:11). 엘리야의 승천을 의심한 엘리사의 제자들은 엘리야의 시체라도 찾자고 엘리사에게 간청했다. 제자들은 용사 50명을 풀어 3일 동안 그를 찾았지만 흔적조차 찾지 못했다. 많은 사람들이 엘레야의 승천 사실을 거짓이라고 말하지만 엘리야 선지자 자신의 승천에 대해 한 말과 엘리사의 생생한 증언, 선지 제자들의 보고를 통해 사실임을 알게 되었다(왕하 2:1-11).

성경에서 죽음은 곧 죄의 결과다. 그럼에도 인간으로 왔다가 죽음을 보지 않고 하늘로 올라간 두 사람이 있다. 바로 에녹(창 5:24)과 엘리야 선지자이다. 에녹의 행위에 대하여는 그의 산 날짜와 하나님을 기쁘시게 하는 자라는 증거만 기록되어 있을 뿐이다(히 11:5). 그러나 엘리야 선지자에 대하여는 많은 믿음의 행적과 교훈을 남긴 사람으로 죽음을 보지 않고 승천했다는 사실은 비교적 다른 사람들에 비해 죄의 문제에 자유로운 사람이라는 것을 알 수 있다.

특히 엘리야 선지자가 불말과 불병거를 타고 승천했다는 소문이 알려지자 많은 거짓 선지자들이 마치 하나님 앞에 소명을 받은 선지자임을 보이기 위해 털옷을 입고 허리에 가죽 띠를 메고 다니는 기현상이 일어났다. 이러한 일이 유행하자 사람들은 엘리야의 모습처럼 털옷과 허리띠를 메고 선지자 노릇을 하는 사람을 오히려 거짓 선지자로 치부하기 시작하였다.

이러한 상황 속에서 하나님은 메시아로 오시는 예수 그리스도를 영접할 수 있는 사람을 찾으셨다. 그가 죄로부터 자유로운 참 엘리야의 모습을 지닌 세례 요한이기에 그를 부르신 것이다. 구속사의 메커니즘으로 보면 의인으로 오시는 예수님과 죄인인 사람을 연결해 줄 수 있는 사람은 죽음을 보지 않고 승천한 엘리야가 가장 적합한 인물인데 그 역할을 할 사람으로 세례 요한을 정한 것이다.

세례 요한의 사명

세례 요한은 분명히 제사 제도의 메커니즘을 완성하기 위해 하나님의 보내심을 받아 예수님의 길을 예비하러 온 사람이다.

"이 아이여 네가 지극히 높으신 이의 선지자라 일컬음을 받고 주의 앞에 앞서 가서 그 길을 예비하여 주의 백성에게 그의 죄 사함을 말미암는 구원을 알게 하리니"(눅 1:76-77).

세례 요한이 요단 강가에서 회개의 세례를 베풀자 많은 사람들이 나와 세례를 받자 백성들 사이에서 혹시 세례 요한이 그들이 기다리던 메시아 아닌지 묻게 된다. 세례 요한은 예수님을 가리키는 손가락이지 그 자체가 메시아가 아니다. 그럼에도 사람들은 손가락이 가리키는 달을 보는 게 아니라 가리키는 사람의 손가락만 본다. 이에 요한은 대답한다.

"나는 물로 너희에게 세례를 주거니와 나보다 능력이 많으신 이가 오시나니 나는 그의 신들메를 풀기도 감당치 못하겠노라 그는 성령과 불로 너희에게 세례를 주실 것이요"(눅 3:16).

그는 분명히 자신이 아니라 앞으로 오실 예수님이 메시아라는 사실을 백성들에게 가르쳐준다. 그리고 세례 요한 자신이 주는 세례는 물 세례로 신앙적 의식 행위지만 앞으로 오실 메시아 예수님은 성령 세례를 베푸심으로 이를 받은 사람은 성령으로 거듭나는 역사가 일어난다는 사실을 밝히고 있다.

그리고 세례 요한의 제자였던 아볼로에 의해 그가 준 세례는 구약의 제사처럼 죄를 씻는 신앙 의식과 같았다는 것이 사도행전 19장의 에베소 교회에서의 성령 세례를 통해 증명되었다.

이것을 분명히 해야 한다. 오늘날 이단이 왜 창궐하는가? 처음에는 모두 예수님에 대한 열정이 대단했지만 차츰 사람들이 자신을 따르고 추종하는 것을 보면 자신이 메시아인 것처럼 착각하게 된다. 정말 목회자들이 조심해야 하는 대목이다.

이에 예수님이 갈릴리로부터 요단강에 이르러 세례 요한에게 세례를 받으시고 공생애를 시작하신다. 그리고 예수님이 세례를 받으시고 물으로 올라오시자 하늘이 열리고 성령이 비둘기 같이 임하여 그가 메시아임을 인정하고 있다. 또한 요한복음에서도 세례 요한이 기다리던 메시아가 예수님이라는 사실을 증거하고 있다.

"나도 그를 알지 못하였으나 나를 보내어 물로 세례를 주라 하신 그이가 나에게 말씀하시되 성령이 내려서 누구 위에든지 머무는 것을 보거든 그가 곧 성령으로 세례를 주는 이인 줄 알라 하셨기에 내가 보고 그가 하나님의 아들이심을 증거하였노라"(요 1:33-34).

세례 요한의 사명은 예수님 앞서 가면서 그를 하나님이 보내신 아들임을 증거하는 것이다. 그는 자기의 제자들에게 예수님을 가리켜 "보라, 세상 짐을 지고 가는 어린 양이로다"라고 증거하였다.

세례 요한의 실족

예수님이 세례 요한에게 세례를 받고 공생애를 시작하여 유대 땅에 가서 가르치시며 세례를 베풀 자 세례 요한의 제자(요한복음의 저자 요한과 베드로의 동생 안드레)들이 예수님을 따르게 되었다. 이때 세례 요한도 예루살렘에서 가까운 물이 많은 에논에서 세례를 주었다. 예수님이 메시아로서 공생애를 시작하고 자신의 제자들도 예수님을 따르자 자신의 사명을 다 한 줄로 생각한 세례 요한은 세상사에 눈을 돌린다.

바로 분봉왕 헤롯이 율법을 어기면서 자신의 이복 동생 빌립의 아내 헤로디아를 부인으로 맞이하자 이를 지적하고 책망하고 나선 것이다. 헤롯 안티바의 이러한 행위는 그가 로마에 볼모로 끌려가 있을 때 보고 배운 것을 본딴 것이다. 당시의 로마 황제들의 타락은 이루 말할 수 없는 것으로 근친상간, 신하의 아내를 첩 삼기 등 갖은 일탈의 행위로 로마가 서서히 썩어가고 있던 때였다.

물론 세례 요한의 이러한 지적이 분명히 하나님의 공의를 지키기 위한 행위임에 틀림없다. 그러나 세례 요한의 사명은 그것보다 더 중요한 것은 예수님의 메시아 사역을 돕는 것이 제일의 사명이다. 더 많은 사람들에게 회개의 세례를 베풀어 예수 그리스도를 만나게 하는 일이 그의 시대적 사명이자 참 본분이다.

결국 세례 요한은 자신의 사역에서 실족하고 만다. 심기가 뒤틀린 헤롯 왕은 자신의 그릇된 행위를 지적한 세례 요한을 감옥에 가두고 만다. 그러나 백성들이 그를 선지자로 여기고 있기에 차마 그를 죽이지 못하고 민란이 두려워 감옥에 가두고 만 것이다.

세례 요한이 옥에 갇혔다는 소식을 들은 예수님은 일단 갈릴리로 물러가셨다가 나사렛을 떠나 스불론과 납달리 지경에 있는 가버나움에 가셔서 하나님의 말씀을 전하신다. 왜 예수님은 요한의 잡힘을 듣고 갈릴리로 물러가셨을까?

이유는 당시 세례 요한을 감옥에 가둔 헤롯 안티바스의 통치 영역이 베뢰아와 갈릴리 지역이었기 때문이다. 그리고 예수님이 세례를 받고 시험을 받은 지역은 아켈라오가 통치한 유대 사마리아 지역이다. 세례 요한이 사로 잡혔다는 소식을 듣고 갈릴리 지역으로 물러가시는 행동을 취한 장소가 세례 요한을 체포한 왕이 통치하는 갈릴리 지역이므로 그리로 가신 것이다. 세례 요한이 체포되었다고 두려움에 도피한 것이 아니다. 오히려 요한이 예비한 길을 따라서 천국 복음을 전하시는 일을 하시기 위함이었던 것이다.

왜 갈릴리에서 천국 복음 전파의 일을 시작하시는가? 당시 갈릴리 지역은 이스라엘에서 가장 낙후된 곳으로 유대와 이방이 혼재된 곳이다. 실제로 갈릴리 지역 주변 데가볼리 도시들은 이방화가 깊숙이 진행된 곳으로 정통 유대인들이 접근하기를 회피하던 곳이었다. 따라서 갈릴리에서 본격적인 천국 사역을 시작하신 이유는 비록 정치적으로는 바벨론의 포로에서 해방된 것처럼 보이지만 이곳 사람들은 그 당시의 후유증에서 벗어나지 못한 바벨론 포로 상태에 있는 백성들로 여겨졌기 때문에 주류 사회로부터 소외되고 포로된 자에게 자유를 주시기 위해 오신 예수님의 천국 사역에 적합한 지역이었기 때문이다.

마태 기자는 예수님의 탄생 기사를 통해서 바벨론 포로에서 구원하는 분이심을 적시하고 있다(마 1:12-16). 갈릴리는 이스라엘이 아직도 포로 상태에 있는 흑암의 장소다. 이것은 영적으로 사탄의 포로에 놓여 있는 사람이나 아직도 바벨론의 포로기적 상황에서 벗어나지 못한 갈릴리 사람들의 상황이 같다는 것을 의미하고 있다.

이런 상황에서 예수님의 천국 복음 사역이 갈릴리 지역에서부터 시작된 것이다. "이때부터 예수께서 비로소 전파하여 가라사대 회개하라 천국이 가까왔느니라 하시더라"(마 4:17). 천국 복음 자체로 오신 예수님이 직접 세례 요한이 외쳤던 천국 복음을 전파하셨던 것이다.

예수님의 복음 전파 사역이 본격화되자 이 소식을 들은 세례 요한은 면회온 제자들을 보내 예수님이 참 메시아이신지를 다시 확인하고자 했다. 무슨 사연이 있는 것일까?

세례 요한은 자신이 감옥에 갇히자 메시아로 오신 예수님이 자신을 구해주리라 기대하고 있었을 것이다. 자신은 메시아인 예수님의 길을 예비하는 사람이요 더군다나 그분에게 세례를 베푼 사람이다. 자신이 예수님께 세례를 드릴 때 분명히 예수님이 하신 말씀을 기억하였을 것이다. 당시 세례 베풀기를 요청하신 예수님께 세례 요한은 겸손하게 "내가 당신에게 세례를 받아야 할 터인데 당신이 내게로 오시나이까"(마 3:14)라고 말하였다. 이에 예수님이 말씀하셨다. "이제 허락하라. 우리가 이와 같이 하여 모든 의를 이루는 것이 합당하니라"(마 3:15). 예수님의 이 정도 말씀이면 어떤 상황에서도 자신을 감옥으로부터 구하러 오실 줄 기대하고 있었을 것이다.

무엇보다 그의 제자들이 전한 예수님이 하신 말씀을 듣고 더 큰 기대를 했을 것이다. "선지자의 이름으로 선지자를 영접하는 자는 선지자의 상을 받을 것이요 의인의 이름으로 의인을 영접하는 자는 의인의 상을 받을 것이요. 또 누구든지 제자의 이름으로 이 소자 중 하나에게 냉수 한 그릇이라도 주는 자는 내가 진실로 너희에게 이르노니 그 사람이 결단코 상을 잃지 아니하리라"(마 10:41-42).

그러나 아무리 기다려도 예수님이 오시지 않자 자신의 제자들을 예수님께 보내어 질문한다. "오실 그이가 당신이오니이까 우리가 다른 이를 기다리오리이까"(마 11:3). 이 정도의 의심이면 세례 요한은 사명을 잃고 영적으로 실족한 사람으로밖에 볼 수 없다.

사실 세례 요한이 가지고 있던 신앙적 지식은 구약 시대의 메시아관에서 벗어나지 못하고 있었다. 메시아가 오시면 세상을 심판하여 죄인은 벌하시고 의인은 하나님 나라에 인도하실 것으로 기대하고 있었다. 그의 메시아관을 보여주는 대목이 눅 3:16-17에 잘 나와 있다.

"나는 너희에게 물로 세례를 주거니와 나보다 능력이 많으신 이가 오시나니 나는 그의 신들메를 풀기도 감당치 못하겠노라 그는 성령과 불로 너희에게 세례를 주실 것이요 손에 키를 들고 자기의 타작 마당을 정하게 하사 알곡은 모아 곡간에 들이고 쭉정이는 꺼지지 않는 불에 태우시리라."

그런데 예수님은 죄인을 용서해 주시고 병을 치유해주시

고 복음을 전해주셨다. 예수님은 강력한 힘으로 정치적으로 로마를 심판하고 사회적인 불의를 심판해야 함에도 그렇지 않고 오히려 죄인들을 용서하시는 연약한 모습에 세례 요한은 예수님이 메시아라고 하는 사실에 인간적으로 의심을 품을 수밖에 없었을 것이다.

세례 요한이 가지고 있던 구약적 사고방식은 그의 제자인 아볼로에게서도 나타난다. 사도행전 18:24-19:6에 의하면 알렉산드리아에서 난 아볼로가 에베소에 이르러 성경을 가르치나 세례 요한의 가르침만 알 뿐 성령 세례에 대하여 알지 못하자 그의 가르침을 듣고 있던 아굴라와 브리스길라가 그를 사도 바울에게 데리고 와서 주 예수 그리스도의 이름으로 성령 세례를 주고 말씀을 가르치자 그의 성경적 지식이 온전해졌다.

결국 세례 요한의 실족에 대하여 예수님은 이렇게 평가하고 있다.

"보라 내가 내 사자를 네 앞에 보내노니 저가 네 길을 네 앞에 예비하리라 하신 것이 이 사람에 대한 말씀이니라. 내가 진실로 너희에게 말하노니 여자가 낳은 자 중에 세례 요한보다 큰 이가 일어남이 없도다. 그러나 천국에서는 극히 작은 자라도 저보다 크니라. 세례 요한의 때부터 지금까지 천국은 침노를 당하나니 침노하는 자는 빼앗으리라. 모든 선지자와 및 율법의 예언한 것이 요한까지니 만일 너희가 즐겨 받을진대 오리라 한 엘리야가 곧 이 사람이니라"(마 11:10-14).

우리는 세례 요한과 메시아로 오신 예수님의 관계를 통해 두 가지 큰 교훈을 배워야 한다.

첫째는 구속사의 메커니즘으로 본 세례 요한의 역할이다. 세례 요한의 이름은 "여호와를 사랑하는 자"라는 뜻으로 천사장 가브리엘이 내려주었다(눅 1:13). 여호와를 사랑하는 사람은 하나님께 인정을 받은 사람이다.

예수님이 메시아로서 죄인의 땅에 오시기 위해서는 의인을 맞이할 중간자 역할을 할 중보자가 필요하다. 그 중보자 역할을 한 사람이 길을 닦으러 온 세례 요한이다. 이것이 구속사의 메커니즘이다. 이 모습은 구약 백성들이 죄의 문제를 해결하기 위해 제사장을 중보자로 세워 죄의 문제를 해결하는 방법과 동일한 방법이다. 하나님이 아들로 오시는 예수 그리스도를 영접할 수 있는 유일한 사람이 엘리야로 온 세례 요한이다.

왜? 많은 선지자 중에 엘리야인가? 엘리야 선지자는 죽음을 보지 않고 하늘에 올라간 사람이기 때문이다. 죽음을 보지 않았다는 사실은 죄의 문제로부터 비교적 자유로운 사람이다. 예수님을 맞이하는 길잡이 역할을 하기 위해서는 죄로부터 자유로운 사람이 택함을 받을 수밖에 없다.

둘째는 세례 요한의 실족에 관한 인간적 교훈이다.

세례 요한이 아무리 마지막 선지자요 율법의 마침이라 할지라도 그도 어쩔수 없는 불완전한 존재 인간에 불과하다. 세례 요한이 세상의 악행을 꾸짖을지라도 현재 그가 해야 할 사명은 예수님을 도와 주의 길을 평탄케 하고 더 많은 백성을 하나님 앞으로 돌아오게 하는 것이다.

세상의 모든 일에도 선과 후가 있듯이 하나님의 소명자들은 무엇보다 우선시 해야 할 사명은 하나님의 일이다. 세례 요한이 선지자로서 분봉왕 헤롯을 탓할 수 있다 할지라도 지금 그가 해야 할 일은 예수님의 길을 예비하고 평탄케 하는 일이 최우선이다. 이런 의미에서 세례 요한을 예수님께서 꾸짖고 계신 것이다.

"너희는 먼저 그의 나라와 그의 의를 구하라 그리하면 이 모든 것을 너희에게 더하시리라"(마 6:33).

구약의 제사장과 신약의 목회자와의 관계

예수님이 이 세상에 대제사장으로 오셔서 당신의 몸을 십자가에 못 박히심으로 하나님과 인간 사이를 가로막고 있던 지성소의 휘장이 찢어졌다. 이 단 한 번의 제사로 말미암아 예수를 그리스도로 영접한 사람에게는 더 이상 사람 중에 세워진 제사장의 중보자 역할이 필요 없게 되었다. 그리고 A.D. 70년 로마 장군 티투스에 의해 예루살렘 성전이 무너짐으로 제사장 제도가 그 사명을 다하게 되었고 제사장이 세워져야 할 이유도 사라지게 되었다. 예수 앞에 선 모든 사람은 택하신 족속이요 왕 같은 제사장들이 되었기 때문이다. 여기서 왕 같은 제사장은 교회의 직분이나 계급이 아니다. 왕 같은 제사장은 더 이상 죄의 문제로 인간 제사장이 필요 없게 되었고 예수 그리스도의 이름으로 자신이 제사장 직분으로 살아야 할 의무와 책임이 있다는 말이다.

제사장 제도가 없어졌기 때문에 이 땅에 성직자라는 이름도 사라졌다. 제사장 직분으로 레위 지파가 택함을 받았고 그 중에서도 아론의 직계 후손이 "기름 부음 받은 제사장" 직분을 받게 되었다. 그들은 자신이 자진해서 제사장이 된 것이 아니라 하나님이 택하셨기 때문에 선천적으로 레위인으로 태어나면 다른 지파처럼 분깃도 받지 못하고 성전에서 일하면서 다른 지파에서 십일조로 드린 예물로 생계를 유지하게 되었기 때문에 그들을 성직자라고 불렀다.

그러므로 현대에 와서 목사를 성직자라고 부르는 것은 성경적이지 않다. 왜냐하면 목사는 하나님께 택함을 받아서 세워진 것이 아니라 목회자 자신이 택한 사역자이기 때문이다. 우리는 흔히 목사직을 성직이라고 착각한다. 성직은 하나님에 의해 택함을 받은 사람을 성직자라고 부르고 하나님의 거룩한 일을 하는 모든 사람을 성직자라고 부를 수 있다. 이렇게 보면 구약의 제사장직이 수동적이요 피동적인 반면 오늘날의 목사직은 더욱더 능동적이며 적극적이기 때문에 그 책무가 더 막중하다 하겠다.

그러면 목사 직분은 무엇인가라는 질문에 직면하게 된다. 사도 바울은 이렇게 밝히고 있다.

"그가 혹은 사도로, 혹은 선지자로, 혹은 복음 전하는 자로, 혹은 목사와 교사로 주셨으니 이는 성도를 온전케 하며 봉사의 일을 하게 하며 그리스도의 몸을 세우려 함이라"(엡 4:11-12).

교인들은, 대체로 목회자를 특별히 구별되는 '기름 부음 받은 제사장'이라고 생각하는 경우가 많다. 그리고 목회자들도 스스로 '제사장' 의식을 가지고 있는 분들이 많다. 이는 자칫 특권 의식으로 비춰질 소지가 있다.

위의 구절을 다른 표현으로 해석하자면 구약 시대에는 강제로 특정한 한 지파를 택하여 그들에게 제사장직을 맡겼다. 그러나 진리로 세상을 자유케 하러 오신 예수 그리스도로 말미암아 하나님은 당신의 사역을 위하여 인간 세상에 사도직, 선지자직, 복음 전하는 직, 목사직, 교사직의 옷을 마련하셨다. 이에 사람들은 각자 자신의 자유 의지로 달란트에 따라 사도직, 선지자직, 복음 전하는 직, 목사직, 그리고 교사직의 옷을 선택하여 입고 하나님의 사역에 동참한다. 그러므로 신약 시대의 직분이 더 적극적이고 능동적이다. 누군가의 강제가 아닌 자신의 의지로 하나님의 사역에 동참했기 때문이다.

우리는 자칫 하나님의 구속사의 예정론을 잘못 해석하여 하나님이 나를 목사, 의사, 교사, 변호사 등으로 만드셨다고 생각한다. 그러나 이것은 예정론을 잘못 이해하는 데서 온 오해다. 예정론은 하나님이 나를 그리스도 안에서 구원의 백성으로 예정하셨다는 것이지 이 땅에서 살면서 나를 목사로 아니면 의사 등 각각의 직으로 택하신 것이 아니다. 각자의 직업은 자신이 택한 것이고 하나님은 각자의 직업을 통하여 하나님을 섬기기에 최적화시키기 위하여 달란트로 주신 것이다. 그러므로 우리는 열심히 어떻게 하면 훌륭한 사람이 되어서 하나님을 기쁘게 할 것인지를 생각하면서 노력하면 된다. 그렇게 열심을 내는 사람을 성령이 도와주신다. 만약 처음부터 의사로 택함 받은 사람이라면 노력 없이도 의사가 된다는 말이 된다.

제사장과 목회자의 관계를 좀 더 살펴보면, 흔히 목회자를 '제사장'이라고 주장할 수 있는 이유는, '목회학적 측면에서, 전통적으로, 목회자의 세 가지 직능 중 '제사장적 기능', '예언자적 기능', '왕적 기능' 등을 말하고 있기 때문이다. 이것은 물론 예수 그리스도의 메시아적 직능에 그 근원을 두고 있다. 그리고 예수님께서는 영적으로 살렘 왕 멜기세덱의 반차를 따라 오셨기 때문에 메시아로서 이 세 가지 직능을 완성하셨다. 따라서 그리스도의 종들인 목회자들에게도 이 세 가지 직능이 부여되어 있다고 해석할 수는 있다. 그런데 중요한 것은, 이것은 어디까지나 '영적' 의미에서 해석을 해야 한다는 것이다. 왜냐하면 예수님의 경우에도, 그리스도의 이 세 가지 직능은 메시아로서의 영적 의미이기 때문이다. 실제로 예수님께서는, 그 당시에 제사장 직분을 가진 적도 없고, 또한 예언자나 이스라엘의 실제 왕의 직도 가지지 아니하셨다.

그런데 만일 목회자들이, 이 세 가지 직능을 현실적으로 적용하여, 목회자가 마치 제사장이나 예언자, 왕인 것처럼 일방적, 권위주의적인 자세를 가진다면 그것은 큰 문제라 아니할 수 없다. 마틴 루터의 만인제사장설이 종교 개혁의 든든한 기반이 되었다는 사실도 부인하게 된다. 이것을 지나치게 강조하면 다시 중세 로마 가톨릭 시대로 돌아가야 하는 논리적 모순에 빠지게 된다. 대체로 한국 교회에서는 이 세 가지 직능 중 특히 목회자의 제사장적 직능이 강조되고 있고 이것이 보편적인 것으로 여겨지고 있다.

실제로 구속사의 메커니즘으로 봐도 목회자가 곧 구약의 제사장직에 해당된다는 개념은 없다. 바울의 목회 서신에서도 그런 개념은 찾아볼 수 없다. 더 나아가 개신교 신학에서 이런 주장을 정당화시키려 한다면 자기 모순에 빠지게 된다.

구약 시대 제사장의 중요한 직무 및 특성이 무엇인가? 첫째로 제사장들은 일반 백성과는 완전히 구별되는 선천적으로 특수 계급의 신분이었다. 그들은 하나님 앞에 직접 나아가며 하나님과 사람 사이에 중보적 역할을 감당하였다. 제사장 제도 하에서 죄인인 일반 백성들은 하나님 앞에 직접 나아갈 수 없었기 때문이다. 제사장들의 가장 중요한 직무는 제사 직무이며, 제사 행위를 통하여 '사죄'의 직무를 수행하였다. 그들은 또 율법을 가르치며 그것을 기록하고 보존하였다. 또한 그들은 백성을 위한 축복권이 있었다.

과연 이러한 구약 시대의 제사장 직무가 현대 목회자들에게 전수되거나 계승되어 있다고 볼 수 있는가?

우선 현대 개신교의 목회자는 선천적으로 타고난 구약의 제사장처럼 일반 교인과 구별되는 특수 계층이 아니라는 사실을 인식해야 한다. 오히려 성경에서는 모든 성도는 다 "택함 받은 자들이요"(살전 1:4; 살후 2:13; 엡 1:4; 롬 16:13; 골 3:12 등) "왕 같은 제사장"(벧전 2:9)이라고 선언하고 있다. 그리고 종교 개혁의 횃불을 든 마틴 루터나 칼빈의 "만인 제사장론"(Priesthood of all believers)은 종교 개혁 이후 개신교 신학의 근간이 되었다.

그러므로 성경의 구속사적 의미로나 종교 개혁의 정신을 이어받은 개신교 신학에 비추어서 분명히 말할 수 있는 것은, 모든 성도는 다 '하나님의 택하신 자'들이요, 다 하나님 앞에 '직접 나아갈 수 있는'(access to God) 제사장이라는 것이다. 모든 성도는 자신의 죄를 직접 예수님의 이름으로 하나님께 고함으로 용서받을 수 있는 '사죄 은사'를 가지게 되었다(마 18:18; 골 3:13). 제사장만이 아니라, 누구나 다 말씀을 전하고 가르칠 수 있는 사명을 가지고 있는 것이다. 종교 개혁의 대상이었던 가톨릭은 아직도 각 개인의 죄를 사제를 통해 고해 성사하고 있다는 사실과 비교해 보면 그 의미가 정확해진다.

그리고 제사장에게만 '축복권'이 주어진 것이 아니라, 영적으로 아브라함의 자손인 성도는 누구나 그리스도의 이름으로 다른 사람을 축복할 수 있는 권세를 부여 받았다. 그러므로 목회자만이 주의 종으로 선택받았으며, 제사장적 사명을 행할 수 있다고 주장할 수 있는 성경적 근거는 없다. 모든 성도는 다 택하신 족속이요 왕 같은 제사장인 것이다.

목회자는 구약의 나실인

그러면 현대 교회의 목회자는 누구인가? 목회자는 하나님에 의해 선택받은 사람이 아니라 하나님의 일을 하기 위해 다른 세상적 직업을 갖지 않고 일생을 하나님의 사역에 바치기로 작정한 하나님의 일꾼이자 청지기다. 그리고 하나님의 집인 교회를 체계적으로 잘 관리하기 위해 신학을 전공하여 교회를 관리하고 하나님의 양인 성도를 양육하는 일을 위해 자신이 하나님 앞에 서원하고 약속한 사람이다. 목회자의 입장을 구약의 나실인으로 규정하면 더 정확해진다. 하나님은 나실인으로 일정 기간 혹은 일생 동안 하나님을 섬기기 위하여 헌신할 수 있는 서약 제도를 주셨다. 나실인은 "바치다, 헌신하다"라는 단어에서 파생한 단어로 특별 서약을 통해 자신을 거룩하게 구별하여 헌신하기로 작정한 사람을 일컬었다.

목회자의 사명

'목사'(Pastor)란 말은 보호한다(protect)는 뜻의 어원에서 비롯된 헬라어 '포이멘'(ποιμην)이란 단어에서 번역된 것이다. 근본적으로 그것은 양을 치는 목자(shepherd)를 의미한다. 하나님은 구약 시대 때부터 이스라엘 백성을 당신의 양으로 표현하셨다. 그러므로 양인 백성을 돌보고 관리하려면 목자가 필요하다. 예수님도 목자 없이 헤매는 길 잃은 양들을 위해 오신 목자임을 자처하셨다. 그러므로 목사의 사명을 요약하면 다음과 같다.

첫째로, 목사는 하나님과의 관계에 있어서 하나님의 말씀과 기도와 성령의 도움을 통하여 하나님의 뜻을 전달하는 '사자'(messengers)이다. 이것은 그들이 체계적 공부를 통하여 성경을 제대로 해석하여 하나님의 온전한 뜻을 양들에게 영적 양식으로 먹여야 하는 목자로 헌신하기로 서약하여 하나님의 허락을 받았다는 뜻이다. 그들은 하나님의 생각과 뜻을 전달할 수 있는 메시지를 가지고 있는 사람들이다. 메신저로서의 목사는 주님의 메시지를 받아 있는 그대로 성도들에게 전달해야 한다.

둘째로, 목사는 양들과의 관계에 있어서 파수꾼이다. 이는 복음을 전하는 자로서 영적으로 이들을 지켜내야 하는 사명을 가진 것이다. 히브리서 13:17에서는 "영혼을 경성하는 사람들"이라고 그 임무를 규정하고 있다. 구약 성경의 선지자도 역시 하나님의 파수꾼이었다(사 52:8; 56:10). 하나님의 양들이 잠들거나 병들지 않도록, 그리고 양들을 잡아 먹으려는 포악한 짐승들로부터 이들을 지켜내는 깨어서 경계하는 일이 파수꾼의 최상의 직무인 것이다.

셋째로, 목사는 예수님의 몸된 교회와의 관계에 있어서 청지기이다. 청지기는 선택된 것이 아니라 자신이 선택한 직이다. 그러므로 신임을 얻은 종과 같다. 청지기로서의 목사는 먼저 하나님의 말씀을 잘 가르치고 권면하며, 신실하고 충성된 마음으로 주인과 주인 집의 살림을 필요에 따라 잘 관리해야 한다.

목사의 권위

목사는 영적으로 자신의 권위를 모든 권위의 근원이신 하나님께로부터 부여받았다고 자부하는 사람이다. 이것은 사도 바울이 주장하는 권위와 같은 것이다. 그러므로 목사의 영적 권위는 사도 바울의 고백으로부터 시작한다.

"내가 그리스도를 본받는 자 된 것같이 너희는 나를 본받는 자가 되라"(고전 11:1).

목사의 권위는 이 말씀에서 벗어날 수 없다. 목사가 이 말씀의 권위 앞에 겸손하게 섰을 때 영적인 지도자로 하나님께 속한 양의 목자로 영적 권위를 부여받는 것이다. 이런 맥락에서 목사와 성도 간의 관계가 설정되며 성도는 목회자의 권위를 하나님이 부여한 권위로 인정하게 된다고 성경은 설명하고 있다.

"하나님의 말씀을 너희에게 이르고 너희를 인도하던 자들을 생각하며 저희 행실의 종말을 주의하여 보고 저희 믿음을 본받으라(히 13:7). 너희를 인도하는 자들에게 순종하고 복종하라. 저희는 너희 영혼을 위하여 경성하기를 자기가 회계할 자인 것같이 하느니라. 저희로 하여금 즐거움으로 이것을 하게 하고 근심으로 하게 말라. 그렇지 않으면 너희에게 유익이 없느니라. 우리를 위하여 기도하라. 우리가 모든 일에 선하게 행하려 하므로 우리에게 선한 양심이 있는 줄을 확신하노니"(히 13:17-18).

목회자의 권위는 예수 그리스도를 본받을 때 주어진다. 예수님은 모든 사람들이 기대했던 엄청난 힘과 물리적 파워로 권위를 세우지 않으셨다. 오히려 기사와 이적을 행하신 후에도 사람들에게 이를 알리지 말라고 당부하셨다. 그리고 낮고 낮은 곳으로 임하실 때 그 권위는 더 커져만 갔다.

오늘날 교인 수와 교회 건물의 높이가 목사의 능력과 권위가 되어 버린 현실과 완전히 다르다는 사실을 분명히 인식해야 한다. 다윗이 군대 수를 세었다가 하나님께 당한 벌이 무슨 뜻인지 깨달을 때 목사의 권위가 세워진다.

06

대한민국, 조로증에 걸리다

06 대한민국, 조로증(Progeroid syndromes)에 걸리다

　대한민국은 1948년 건국, 70여 년 만에 어린 나이에 급격한 노화 현상을 일으키는 조로증이라는 중병에 걸렸다. 전문의에 따르면 조로증(Accelerated aging)은 빨리 늙는 병으로 초기 유아기에는 정상적인 모습을 보이지만 9-24개월이 되면 심각한 성장 지연을 보이기 시작하여 키가 작고, 몸무게가 작게 나가는 발육 지연 현상이 나타나기 시작한다. 머리에 비해 얼굴이 매우 작고 턱이 발달하지 않아 치아가 제자리에서 나지 못해 비뚤게 자라 어린 노인의 모습으로 변한다. 비정상적으로 눈이 튀어나오고 코가 작으며, 입 주위 피부가 푸른색을 띠기도 한다. 2살이 되면 머리카락, 눈썹과 속눈썹이 사라지게 되고, 머리카락은 얇고 부드러워지며, 하얀색 또는 금색으로 바뀌는 무서운 병이다.

　그리고 저신장, 대머리, 피하지방 위축, 골형성부전 등의 노인과 유사한 변화를 특징으로 나타내며 전신 동맥 경화증상으로 고혈압증, 협심증, 뇌경색 등 합병증이 발병한다. 심장 비대, 비정상적인 심장음이 들리며 유아기 사춘기 동안 점진적으로 죽상경화증이 생기며, 심장 근육으로 산소 공급이 부족하게 되어 가슴의 통증을 유발할 수 있다. 높은 음색의 목소리와 젖가슴이나 젖꼭지가 없으며, 성적 성숙이 일어나지 않는다. 청력이 손실되기도 하며, 단지 외형적으로 노화가 생기는 것이 아니라 뼈와 장기의 노화도 동반되는 것이 특징이다.

신채호 선생은 『독사신론』에서 한 국가의 흥망성쇠를 이렇게 기록하고 있다.

"국가의 역사는 민족의 소장성쇠(消長盛衰)의 상태를 가려서 기록한 것이다. 민족을 버리면 역사가 없을 것이며, 역사를 버리면 민족의 그 국가에 대한 관념이 크지 않을 것이니, 아아, 역사가의 책임이 그 또한 무거운 것이다."

한 국가의 탄생과 쇠망을 인간의 성장 과정으로 비교해 보면 국가가 건국한 지 70여 년 만에 쇠락의 모습을 보인다면 이는 마치 조로증에 걸린 사람과 같은 진단이 나올 것이다. 이런 진단은 국가 간 국제 관계가 정립되지 않는 19C 이전에는 국가의 존폐가 쉽게 주변의 다른 강한 나라에 의해 영향을 받았지만 2차 세계 대전이 종식되고 국제 관계가 정립된 이후 다른 인접국에 의해 나라의 존망이 결정되기보다는 한 국가의 내부 사정에 의해 국가의 운명이 좌우되는 시대가 되었기 때문에 문명 역사가인 아놀드 토인비가 말한 "문명은 외부로부터 타살

되어 몰락하는 것이 아니라 자살하는 것"이라는 맥락에서 보면 분명 대한민국은 조로증에 걸린 환자임에 틀림없다.

기원전부터 가장 강력하게 존속된 로마 제국이 황제 지배 체제의 수립을 기점으로 제정 로마가 종식된 A.D. 395년을 기한으로 보면 약 432년 정도를 존속했다. 고려를 멸망시키고 1392년 조선 왕조가 건국된 이래 1910년 한일 합방을 멸망으로 보면 518년을 유지된 것으로 보고 비교해 봐도 현재의 대한민국은 70살이면 아직 신생국임에 틀림없다.

그러나 한 국가의 존망의 역사로 보자면 70년밖에 되지 않은 신생국 치고는 너무나도 빨리 세기적 말기 현상이 나타나고 있다는 데 문제의 심각성이 있는 것이다.

대륙 세력이 아닌 해양 세력을 지향해야 하지 않을까?

대한민국은 지정학적으로 대륙 세력과 해양 세력이 만나는 기수역과 같은 반도의 나라다. 기수역은 강물과 바닷물이 만나는 곳으로 강으로부터 흘러나오는 유기물로 인해 각종 수산 자원이 풍부한 지역이므로 수산업이 발달하게 된다. 마찬가지로 지구상의 많은 반도 지역이 문화와 문화가 교류하고 물품이 교역되는 관문 역할을 하는 교차지역으로 상업이나 문화가 서로 융합되고 교류하는 매우 중요한 역할을 하게 된다.

동쪽으로는 아드리아해, 남쪽은 이오니아해, 서쪽은 리구리아해와 티레니아해로 둘러싸여 있는 유럽과 아프리카, 아시아와 교역하며 지중해의 이탈리아의 문화를 꽃피게 한 이탈리아 반도, 중동의 이슬람 문화와 유럽을 연결하고 동쪽으로는 지중해, 서쪽으로는 대서양과 접하며, 남쪽으로는 지브롤터 해협을 통해 아프리카 모로코와 마주하고 있고, 북쪽으로는 프랑스와 접해 있는 이베리아 반도는 대륙을 연결하고 문화와 교역의 각축장으로 정치적 패권이 소용돌이 치는 역사의 중요 지점이 된다.

역사적으로 지리상의 발견 이후 인류 역사의 주인공은 바로 반도의 국가로부터 시작해온 이탈리아, 포르투갈, 네델란드, 스페인, 영국, 그리고 미국으로 이어지는 해양 세력이었다.

고구려의 멸망과 함께 저 광활한 만주 대륙을 상실한 이후 스스로 중국의 주변국 동쪽 오랑캐(동이족, 東夷族)라는 굴레를 쓰고 대륙 세력의 힘 앞에 짓눌려 사대주의적 주자학적 성리학 사상에 빠져 스스로의 운명을 개척하지 못하는 민족이라는 사실을 숙명처럼 끌어안고 진취적 민족의 기상을 잃고 중국의 신하국으로 살았던 대륙 세력의 끝자락이었다는 사실이 우리 민족의 멍에와 같은 운명이었다.

그러나 우리 조상은 중국 대륙을 호령했던 갑골 문자의 주인공 은나라로부터 시작하여 하나라를 세운 동이족이었다는 사실을 잊어서는 안 된다.

정말 우리 조상 동이족이 오랑캐족이었을까? 아니다. 국문학자인 진태하 박사에 의하면 우리가 분명히 알아야 할 것은 동이족의 "夷"자는 갑골문에서 "오랑캐 이"가 아니라 큰 화살 모양의 "이"다. 그리고 중화를 중심으로 하나라(夏, 기원전 2070년경 – 기원전 1600년경) 때 두만강 지역의 올량합(兀良哈)이라는 지역을 후에 오랑캐로 부르면서 큰 화살을 잘 쓰는 동이족을 지칭하는 호칭이 되었고, 이후 동이족의 못난 후손이 스스로 동쪽 오랑캐로 자처하고 만 것이다. 당시 중국을 중심으로 동쪽의 활을 잘 쓰는 민족을 동이족, 서쪽의 큰 창을 쓰는 돌궐족을 서융(西戎), 북쪽의 늑대가 많은 지역 사람들을 북적(北狄)으로 불렀는데 원래 고대 몽골 민족인 적(狄)을 의미하는 용어였다.

역사적으로는 중국 북부에 사는 사람들이 가장 사납고 포학했기 때문에 만리장성을 쌓는 이유가 되었는데 이들이 몽골에 사는 흉노(匈奴), 선비(鮮卑), 거란(契丹), 몽골(蒙古) 등의 비한족 집단을 가리키는 용어로 주로 사용되었다. 현재도 우리가 쓰는 말에 시끄럽고 사람 많은 것을 북적북적댄다고 표현하는 말의 어원이기도 하다. 남쪽의 더운 지방에 벌레가 많은 월남 지역 사람들을 남만(南蠻)으로 표현한 것이 동서남북의 오랑캐가 된 것이다.

그러나 역사의 신이신 하나님은 대한민국이라는 운명의

불씨를 끄지 않고 조선을 거쳐 일제의 혹독한 식민 통치의 쓰라린 교훈을 통해 세계사의 소용돌이를 볼 줄 아는 안목을 기르게 했다. 오히려 이러한 사관은 대륙권으로의 재편입이 아니라 새로운 세계 질서인 해양 세력이라는 새로운 물결 속에서 그 운명의 흐름을 찾으라는 지상 명령으로 받아들이는 안목을 갖게 되는 계기가 되었다.

세계 패권의 질서를 읽어라

반만년 동안 민족의 운명을 대륙권에 꽁꽁 묶고 있던 주자학이라는 동아줄을 끊고 기독교라는 자유의 칼로 무장하자 우리의 운명은 대륙의 끈을 끊고 해양으로 돛을 높이 들어올림으로써 전 세계로 향할 수 있게 되었다. 한 번 대륙권에서 해양권으로 눈을 돌린 대한민국의 활기는 전 세계를 운동장 삼아 지난 한 세기를 인류 문명의 빛 안에서 자유의 힘찬 호흡을 내뿜으며 달려왔다.

그리하여 대한민국은 지난 70여 년 만에 인류 역사상 최빈국에서 세계 경제 10위권으로 진입했고, 한국은 1995년 세계은행의 원조 대상국에서 빠졌다. 이어 이듬해 경제협력개발기구(OECD)에 가입했고, 2009년에는 개발 도상국의 경제 발전을 돕기 위해 OECD 내에 설치한 DAC(Development Assistance

Committee·개발원조위원회) 24번째 회원국이 됐다. 원조를 받던 나라에서 원조를 주는 나라로 바뀌었다는 말이다. 이로써 선진화와 민주화, 산업화를 동시에 이룬 나라요, 아시아권에서는 가장 민주화가 성숙된 나라라는 자부심을 갖게 되었다. 그리고 군사적으로는 세계 7대 무기 강국이고, 국토 면적 순으로는 남한이 109위지만 땅의 크기로 1위 나라인 러시아와 GDP 순위를 다투는 나라요, 세계의 나라다운 나라의 모임인 단 7개국밖에 없는 20/50 클럽(인구 5천만 명 이상이면서 일인당 국민소득 2만 불 이상의 나라들) 회원국이 되었다. 이는 지구가 생긴 이래로 이런 업적을 이룬 나라는 아마 없을 것이며 세계사적으로 유일무이한 기록이 될 것이다.

그렇다면 5천 년의 고질적 가난에 시달리며 저 무지막지한 중국의 종속국에서 대한민국의 운명을 이처럼 180도 바꾼 역동력은 무엇이었을까? 단 한마디로 답하기 쉬운 일은 아니지만 신앙적으로 보면 하나님이 깨운 단 한 사람의 리더십이라고 답할 수 있다.

이스라엘 민족이 430년 동안의 이집트의 노예 생활로부터 하나님이 약속하신 가나안 땅으로 가고자 한 것이 여러 사람의 의견으로부터 나온 것이 아니다. 그 시대의 소명자 한 사람이면 족했다. 하나님은 모세가 이스라엘 백성들을 설득하게 하기 위하여 가나안 땅을 "젖과 꿀이 흐르는 약속의 땅"이라고 소개해 주었다. 이스라엘을 위하여서는 모세가 필요했던 것처럼 대한민국을 위해서는 이승만이라는 한 사람이면 충분했다.

이승만은 소명을 받은 후부터 서재필 박사를 비롯한 선교사들의 교육 덕분에 세계의 국제 정세를 정확히 진단할 줄 아는 안목을 가지게 되었다. 당시 조정은 왕권을 지키기 위하여 러시아 편에 붙어야 산다는 파와 청나라파와 일본파 등 여러 갈래로 나뉘어 의견이 분분했다.

그러나 눈을 크게 뜨고 국제 정세를 보면 당시의 세계 제일의 패권국인 영국은 도전국인 러시아의 남진을 막기 위한 새로운 국제 정세를 짜고 있었다. 1902년 1월 30일 이런 이해를 함께하던 그레이트 브리튼 아일랜드 연합 왕국(영국)과 일본 제국 양국이 체결한 군사 동맹이다. 영국은 러시아의 야욕을 깨뜨리기 위하여 일본을 이용하려는 영일 동맹을 맺고 있었고 군사력 확대의 필요를 느낀 일본은 이런 판세를 이용하여 러일 전쟁의 전사로 나섰다. 당시 일본 군함의 대부분이 영국산이었음이 이를 증명해 준다. 이러한 세계의 패권 정세를 읽지 못한 조선이 아무리 청, 러시아, 일본과 짝사랑하려는 몸부림을 쳐 봤지만 이미 대세는 기울어진 운동장이었다.

이런 세계 패권의 역사는 오늘날도 동일하다. 만약 대한민국이 현재 일어나고 있는 세계 패권의 대세를 제대로 파악하지 못하고 다시 대륙 세력과 손을 잡으려 한다면 아관파천으로 러시아의 도움을 받으려 했던 고종의 볼썽사나운 꼴이 되고 말 것이다.

이승만의 등장

1904년 7월 8일 민영환, 한규설 등이 사형을 언도 받고 감옥에 있던 이승만의 사면을 위해 노력한 결과, 러일 전쟁이 발생하자 다급해진 고종은 8월 9일 특사로 이승만을 한성 감옥에서 석방하였다. 석방 후 이승만은 민영환과 한규설을 만난 뒤 1904년 10월 15일 남대문의 상동교회 상동청년학원 교장직에 취임했으나 미국의 특사로 가기 위해 곧 사임하였다. 이때 그는 고종을 만나보라는 민영환의 요청을 거절했다. 이유는 이승만은 '고종은 역대 군주들 가운데 가장 허약하고 겁쟁이 임금 중의 한 사람'이라며 나라를 망쳐버린 고종과는 아예 상종도 하지 않겠다며 끝내 고종을 만나지 않고 그의 밀서만 들고 그 해 11월 조선을 떠났다.

1904년 11월 4일 일본 고베를 거쳐 그 해 12월 31일 샌프란시스코, 로스앤젤레스, 시카고를 거쳐 워싱턴 D.C.에 도착하였다.

1905년 1월 15일 미국 신문 "워싱턴 포스트"지와 기자 회견을 열고 일본의 한국 침략을 폭로하는 인터뷰를 하였다. 그리고 신분을 위해 2월 워싱턴 D.C의 조지워싱턴 대학교에 2학년 장학생으로 입학하였다. 2월 20일 이승만은 한국에 선교사로 왔던 적이 있던 미국 상원 의원 휴 딘스모어를 찾아갔다. 그의 주선으로 존 헤이 미국 국무장관과 30분간 면담하였다. 헤이 장관을 설득하여 1882년의 '한미수호조약'의 거중 조정 조항(제8조)에 따라 한국의 독립에 협조하겠다는 약속을 받아냈으나, 헤이 장관의 죽음으로 허사가 되고 말았다.

1905년 8월 윌리엄 태프트 육군 장관은 시어도어 루스벨트 대통령의 딸 앨리스와 미 의원 워즈워스를 대동하고 아시아 수행길에 하와이의 호놀룰루를 경유하였다. 이때 이승만은 호놀룰루의 한인 선교부를 책임지던 와드먼 박사를 통해 태프트와 접촉한 후, 그의 추천장을 받아 시어도어 루스벨트를 만나는 데까지는 성공한다. 1905년 8월 4일 뉴욕주의 롱 아일랜드에 있는 루스벨트 대통령 별장에서 이승만을 만난 루스벨트 대통령은 밀서에 호의적인 반응을 보였으며 "귀국을 위한 일이라면 무슨 일이건 할 용의가 있다"는 답변에 이승만 일행은 기뻐했으나 이는 제스처에 불과했다. 다만 외교적인 일이므로 밀서가 아닌 워싱턴의 한국공사관을 통해 제출하라는 권유를 받았다.

사실 이는 외교상 정중한 거절이었다는 사실을 뒤늦게 알게 된다. 이승만은 당시 공사로 있던 김윤정에게 도움을 요청하였으나 그는 이미 일본에게 포섭되어 있어 이승만의 요청을 외면하였다. 그러나 이승만은 포기하지 않고 김윤정의 어린 아들을 설득하여 공사의 마음을 되돌리려 하였으나 끝내 거절당하고 만다. 9월 10일 대한제국 황실 시종무관장 민영환으로부터 격려 편지와 함께 300달러의 경비를 지원받았지만 두 달 후에 민영환은 을사조약에 대한 울분을 못이겨 결국 자결함으로써 순국한다.

한편, 1905년 루스벨트의 딸 앨리스는 일본을 거쳐 대한제국을 방문, 고종을 예방하게 되는데, 고종은 미국이 한국의 독립에 우호적인 입장이라고 판단하고 잔뜩 기대하고 있었으나 앨리스 루스벨트는 융숭한 대접만 받고 되돌아갔고 시어도어 루스벨트 대통령도 끝내 이승만의 밀사로서의 목적을 들어주지 않았다. 이미 태프트 장관을 보내 일본 총리 가쓰라와 필리핀과 대한제국의 식민지 분할에 합의한 가쓰라-태프트 조약에 사인한 뒤였다.

이 밀약은 대한제국에 대한 일제의 식민 지배와 필리핀에 대한 미국의 식민 지배를 상호 양해한 일종의 신사 협정이었고, 이 합의로 대한제국에 대한 미국의 개입을 차단한 일제는 같은 해 11월 17일 대한제국에 을사조약을 강요했다. 미국은 이를 사실상 묵인했다. 가쓰라-태프트 밀약의 진실을 알게 된 이승만은 미국이 한국을 일본에게 팔아넘겼다고 확신하였고 그 후 미국의 한반도 정책에 대해 의구심을 품게 되었다. 밀사 활동의 실패를 거울 삼아 국제 정세에 실망한 이승만은 미국에 남아 국제 정치학 공부를 하기로 결심한다.

당시 이승만을 둘러싸고 일어난 이런 일화는 국제 정치를 알지 못하면 국제 사회에서 얼마나 처절하게 고립되는지를 알려주는 귀중한 경험이요 자료들로 이승만의 "외교독립론"의 기초가 되는 사료들이다.

대한민국 임시 대통령

1919년 3.1운동 이후 여러 임시 정부가 세워지는데, 1919년 4월 15일 길림성에서 선포된 고려 임시 정부에서 국무총리로, 4월 17일 평안북도에서 설립된 대한민국 임시 정부에서 국방총리로, 4월 19일 인천에서 수립된 조선민국 임시 정부로부터는 집정관 총재 겸 국무총리, 1919년 4월 23일에는 경성에서 한성 정부가 이승만을 집정관 총재로 추대하였다. 그러자 각지의 임시 정부의 총리, 수반으로 추대되자 1919년 4월 일본 제국 정부는 이승만의 목에 30만 달러의 현상금을 걸게 된다.

1919년 6월 14일부터 6월 27일 이승만은 '대한공화국' 대통령 이름으로 미국, 영국, 프랑스, 이탈리아, 일본의 국가 원수들과 파리 평화 회의 의장 조르주 클레망소에게 한국의 독립 선포를 알리는 공문을 발송했다. 7월 4일 국·내외 동포에게 독립을 위한 헌신을 촉구하는 '대통령 선언서'를 발표했다. 7월 17일 워싱턴 D.C.에 '대한공화국' 임시공사관을 설치하여 외교를 통한 대한민국의 독립 활동을 전개한다. 이승만이 임시 정부들의 총리와 대통령으로 추대된 것은 외교 활동을 위해 대표성을 갖게 되는 상징성이 있는 것이기에 중요한 것이었다.

1919년 9월 11일 대한민국 임시 의정원은 기존의 대한민국 임시 헌장을 대폭 개정하여 대한민국 임시 헌법을 공포하고 대통령제를 도입하였다. 임시 헌법 제6조에서 대한민국의 주권 행사는 헌법규범 내에서 임시 대통령에게 전임한다고 명시하였고, 제3장에서 임시 대통령은 국가를 대표하고 정무를 총감하며 법률을 공포한다고 명시하였다. 이 헌법에 따라 기존 국무총리였던 이승만이 1919년 9월 11일 대한민국 임시 정부의 초대 대통령에 선출되었다. 그가 대통령에 선출된 이후 상하이의 임시 정부는 이승만에게 상하이로 와줄 것을 청원하는 청원서를 임시 정부, 임시 의정원의 명의로 워싱턴에 발송하였다.

그가 임시 정부의 대통령이 되는 데는 당시 미국의 월슨 대통령이 이승만이 프린스턴 대학교에서 박사 학위를 받을 때 총장이었다는 점이 작용하였다. 당시 임시 정부는 외교 활동을 통해 한국의 독립을 이루고자 했고, 외교 활동의 주된 목표는 민족자결주의를 선포한 미국이었다. 그런데 이승만은 임시 정부의 대통령에 임명되기 전에 당시 임시 정부 직제에 없었던 대통령 명함을 사용함으로써 안창호와 대립하였으나, 9월 임시 정부 체제를 대통령제로 개정하면서 겨우 봉합되었다. 그러나 대통령이 된 뒤에도 자본주의를 주장하여 사회주의를 주장하던 이동휘·여운형·한형권 등과 대립하였다. 1921년 이후에는 임시 정부가 있는 상하이에 더 이상 체류하지 않았다.

임시 정부 대통령 탄핵(1925)

1921년 이승만은 국제 연맹에 위임 통치를 청원한 사건을 계기로, 임정 내 일부 독립운동가들과 내부 대립, 갈등하게 되었다. 당시 위임 통치는 이승만 단독으로 결정한 것이 아니라 대한인 국민회 이름으로 한 것이었다. 그 내용은 일본의 전쟁 도발을 막고 세계 평화를 위해 조선을 완충국으로 만들어야 한다는 것이었고 당분간 국제 기구가 한국을 통치한다는 내용뿐만 아니라 서구 열강들이 일본을 바로 옆에서 감시하여 전쟁의 위험을 없애야 한다는 것이었다. 아울러 미국에 대해서도 조미 수호통상조약의 거중 조정을 그 근거로 들면서 우리의 독립을 도아줘야 한다는 내용도 있었다. 이를 이유로 1925년 3월 23일 대한민국 임시 의정원의 탄핵 의결로 대통령직에서 면직되었다.

구미외교 위원부 활동(1925-1930)

대한민국 임시 정부 대통령직에서 탄핵당한 이후, 미국으로 돌아온 이승만은 구미외교 위원부에 활동하며 미국, 유럽, 국제 연맹 등에 한국의 독립을 청원하는 성명서를 보내는 등 각종 외교적 활동을 하였다. 1919년 8월 김규식, 여운홍, 장택상 등의 도래와 임정 파리위원부를 구미위원부로 흡수하여 구미위원부 산하 주 프랑스 대표부로 활용하였고, 미국과 유럽을 상대로 임시 정부의 홍보와 국제 사회에 한국의 독립에 지지를 보내줄 것을 호소하였다. 주 프랑스 대표부를 통해서 이승만은 유럽의 정치 정세 변동과 정보를 입수하였다.

임정과의 갈등

1929년 이후 이승만은 독자적으로 임정 구미위원부를 가동하며 외교, 독립 활동을 하였다. 그의 구미외교 위원부에는 한국인 유학생인 조병옥·허정·장택상 등이 업무를 보좌하였다. 1928년 4월 10일 이승만은 구미위원부에서 《재만동포옹호》 팸플릿을 작성하여 발표하였다. 1929년부터 1930년 1월 8일 사이 이승만은 미국 본토 전역을 방문하고 호놀룰루로 돌아온 후 「태평양잡지」를 「태평양주보」로 이름을 바꾸어 다시 발간하기 시작했다. 이승만은 외교독립론을 내세우며 미국에서 활동하면서 임시 정부의 구미위원회 대표직을 역임하였다. 그러나 민족개조론을 주장하는 안창호, 무력투쟁론을 주장하는 박

용만 등과 갈등이 계속되었다. 미국 내의 재미 교포 조직들은 안창호 지지 세력과 이승만 지지 세력으로 나뉘어 있었는데, 이들의 분열은 미국이 임시 정부를 승인하지 않는 중요한 원인 중 하나였다.

외교 홍보 활동(1930-1933)

1920년대 후반 임시 정부는 자금난에 시달렸고, 자금을 마련할 수 없었던 김구는 고민하게 되었다. 김구는 재중 한인 동포들과 교민 단체의 후원금과 성금 모금에 의존하는 한편 1928년 이후 미국에 있는 이승만에게도 자금을 요청하는 편지를 보냈다. 이승만은 자신도 처지가 어렵다고 거절하면서도 자금의 일부를 임시 정부에 꾸준히 송금하였다.

1932년 4월 29일, 상하이 홍커우 공원에서 윤봉길이 폭탄을 투척해 의거를 일으켰을 때, 미국에 있던 이승만은 다음과 같이 윤봉길의 의거를 비판하였다.

"이런(의거) 행동은 어리석은 짓이며, 일본의 선전선동만 강화시켜줄 뿐 한국의 독립을 가져다 주지 못할 것이다."

그러나 훗날, 1943년 카이로 회담이 열리자 이승만은 카이로 회담에서 '장개석으로 하여금 한국의 독립을 제안하고 그 선언문에 명문화시킨 것의 원인은 윤봉길 의거에 있다.'고 평가하기도 했다.

이봉창과 윤봉길의 의거는 임정의 존재를 국제 사회에 알리는 계기가 되었다. 국민대표자 대회 이후 임정의 반이승만 세력이 사라지면서 이승만은 임시 정부에 후원금을 지속적으로 보냈다. 또한 한국인 교민들로부터 성금을 모금하여 상하이의 임정으로 송금해주었다.

1932년 11월 10일, 이승만은 임시 정부 국무 회의에 의해 국제 연맹에 한국의 독립을 탄원할 전권 대사로 임명되었다. 1932년 12월 미국을 출발하여 리버풀, 런던, 파리 등을 경유한 후 1933년 1월 26일 국제 연맹 본부가 있는 제네바에 도착하였다.

1933년 국제 연맹에 참가하기 위해 스위스 제네바에 가서 대한독립청원서(大韓獨立請願書)를 제출하였다. 1933년 1월 26일 프랑스어 일간 신문 《주르날 드 제네바》지와 인터뷰하였고, 2월 8일 이승만은 한국의 독립을 요구하는 공한(公翰)을 국제 연맹 회원국 대표들과 기자들에게 배포하였다. 2월 16일 국제 연맹의 방송 시설을 통해 극동 분쟁과 한국에 관한 연설을 하였다. 1933년 2월 21일 제네바의 호텔 드뤼시 식당에서 오스트리아인 프란체스카 도너(Francesca Donner)를 만나 1934년 9월 20일 뉴욕주 랙싱턴 가(街)의 호텔 몽클래어에서 프란체스카 도너와 결혼하였다.

2월 22일 제네바의 프랑스어 신문 《라 트리뷴 도리앙》지에 그의 독립운동 관련 기사가 보도되었고, 2월 23일 베른의 독일어 신문《데어 분트》도 활동 상황이 실렸다. 7월 9일 스위스 제네바를 출발하여 7월 20일 소비에트 연방으로 건너가 소련에 한국의 독립에 대한 도움을 호소하고자 모스크바 기차역에 도착하였으나(비엔나 경유) 즉시 쫓겨났다. 8월 10일부터 8월 16일 프랑스 니스를 출발하여 미국 뉴욕주에 도착했고, 그해 10월에 하와이 호놀룰루로 되돌아왔다. 1934년 1월 12일 워싱턴의 《데일리뉴스》지가 이승만의 활동을 기사로 보도하였다.

1933년 3월 6일의 제25회 임시 의정원 회의에서 무임소 국무 위원에 보궐 당선되었다. 이로써 임정에서 탄핵당한 지 8년 만에 다시 임시 정부 각료로 복귀하였다.

임정 외교 위원, 국무 위원 선임(1934-1939)

1933년 11월 이승만은 이동녕 내각에 의해 대한민국 임시 정부 국무 위원으로 보선되었다. 임정 일각의 반대에도 외교 활동을 위한 그의 역할이 크다는 이동녕, 김구 등의 주장에 의해서였다. 1934년 1월 12일 워싱턴의《데일리뉴스》지가 이승만의 활동을 기사로 보도하였다.

1934년 4월 2일 대한민국 임시 정부 외무부 행서규정을 공포하여 외무위원회를 설치하고 외교 위원을 선임할 때, 조소앙·최동오·이승만·신익희를 외교 위원으로 선임하였다. 1934년 7월 22일 미국 국무부의 정치고문 스탠리 혼백 박사와 면담하고 한국의 독립을 호소하였으며 9월 16일 장기영과 함께 몬태나주의 뷰트를 방문하였다. 이는 《몬태나 스탠다드》지가 기사로 게재하였다. 1935년 1월 24일 호놀룰루에 도착하였으며, 《스타불 리틴》지에 만주의 한국인도 독일의 자르 지방인들처럼 민족 자결의 원리에 따라 지위가 결정되어야 한다는 내용의 칼럼을 실어 한국인 또한 독립 민족의 당위성을 부각시켰다.

1939년 3월 30일 제2차 세계 대전의 발발 가능성이 보이자 워싱턴 D.C에서 구미위원회 활동을 재개하기 위해 호놀룰루로 돌아왔다. 8월 30일 한국인과 중국인이 국제 정세에 대해 우매한 것을 한탄하며 한국의 독립에는 미국의 지원이 절대적으로 필요함을 강조하는 편지를 대한민국 임시 정부의 김구에게 발송하였다. 이어 12월 10일 《워싱턴포스트》지와 인터뷰에서 이청천 장군의 독립운동 활동을 알렸고, 이는 《워싱턴포스트》의 기사로 보도되었다. 1939년 조선에 입국하여 경성부 YMCA 강당에서 강연을 하였다. 조선총독부 경무국은 경찰을 파견하여 이승만을 체포하려 하였으나 그는 한국의 기독교 선교사들의 보호 속에 선교사들에 의해 빼돌려져 체포를 면하고 부산항을 거쳐 다시 하와이로 되돌아왔다.

1940년 3월 김구가 주석으로 취임한 후, 6월 4일 대한민국 임시 정부로부터 다시 주미외교 위원부 위원장으로 승인

받았다. 1941년 6월에 이승만이 출판한 『일본 내막기』(원제 - Japan Inside Out : The Challenge of Today)는 일본 제국주의에 대한 실상을 낱낱이 비판하는 내용으로 향후 미국은 일본과 장차 전쟁을 하게 될 것을 예견했다. 이 책 발간 6개월 후인 1941년 12월 7일 주일 새벽 실제로 진주만 공격을 받은 미국에서는 커다란 관심을 받아 베스트셀러가 되었다.

이승만과 주미외교 위원부의 노력으로 미 국무성으로부터 그해 9월 광복군 창설 소식을 통보받고 축전을 보낸다. 그러나 공산주의자인 김원봉 등의 입각을 추진한다는 소식에 그는 김원봉 등을 절대 참여시켜서는 안 된다며 김구, 조소앙 등에게 항의 전보와 전화를 한다.

1941년 12월의 진주만 공격을 계기로 미국과 일본이 전쟁 상태로 들어간 직후 일본의 패배가 당연하다고 생각한 이승만은 한국이 독립국이 되어야 하므로 미국은 중경 임시 정부를 승인해야 한다고 주장하였다. 일본의 진주만 폭격으로 태평양 전쟁이 시작되자 이승만은 대한민국 임시 정부의 연락을 받고, 대한민국 임시 정부의 선전포고문을 전달받은 뒤, 12월 9일 미국 국무부 정치고문 스탠리 혼백 박사, 대통령 프랭클린 D. 루즈벨트, 미국 국무부 장관 코델 헐 등에게 대한민국 임시 정부의 선전포고문과 임시 정부 승인 요구 공한(公翰)을 전달하였다.

공산주의의 종주국인 소련의 한국 점령을 우려하던 이승

만은 대한민국 임시 정부 대표로 미국 국무부와 꾸준히 접촉하였다. 1942년 1월 이승만은 미국 국무부에 소련이 장차 한반도를 점령할 것이라고 경고하기 위하여 미국 국무부의 실세인 앨저 히스와 면담하였다. 이때 이승만은 대한민국 임시 정부에 대한 승인과 일본을 상대로 한 대일 전쟁에 참가하기 위한 무기원조를 요청하였다. 그러나 미국 국무부의 혼백과 미 국무성 내의 소련 간첩이었던 앨저 히스는 현 시점에서 한국의 독립 정부를 승인한다면 소련의 반감을 사게 될 것이고, 소련이 대일본 전쟁에 참가하지 않은 상황에서 이 문제에 대한 토론을 할 수도 없지만 소련의 관심 또는 이권을 무시할 수 없다는 이유로 이승만의 임시 정부 승인 요청을 거절하였다.

이에 이승만은 1월 16일 한국에 우호적인 미국인들과 함께 한미협회(The Korean-American Council)를 창설하여 미국 의회 상원 원목인 프레데릭 해리스(이사장), 전 캐나다 대사 제임스 크롬웰(회장), 언론인 제이 제롬 윌리엄스, 변호사 존 스태거즈 등을 중심인물로 선출하여, 대한민국 임시 정부의 승인과 무기 지원을 목표로 활동하게 되었다.

태평양 전쟁의 참전국 일원으로

1942년 2월 27일 이승만은 미국 국무장관 코델 헐에게 자신의 신임장과 임시 정부의 공한을 제출하는 한편, 2월 27일부터 3월 1일까지 워싱턴 D.C의 라파옛 호텔에서 한인자유대회(The Korean Liberty Conference)를 개최했다. 이승만이 이끄는 한미협의회와 재미 한족 연합 위원회가 공동 주최하였다. 행사 참석 후, 3월 23일 미국 국무장관 코델 헐을 찾아가 임정을 승인해줄 것을 정식으로 요청하였다.

이승만은 그 뒤에도 계속해서 미국에 임시 정부를 승인해줄 것을 요청하였는데 이승만과 대한민국 임시 정부 측에서는 이에 당위성으로 1882년 체결된 조미수호조약과 대한민국 임시 정부의 정통성, 한국인들의 대일본 전쟁에서의 공헌 가능성 등을 설득하며 임시 정부를 승인해줄 것을 집요하게 요청하였다. 하지만 미국은 미국대로 임시 정부 승인이 불가능한 이유를 여러 가지를 들면서 반대하여 양자의 대립은 심화되었다.

3월 30일 미국 육군장관에게 하와이 한인 동포들을 일본인과 같은 적성 국민으로 취급하지 말 것을 요구하는 서한을 보냈다. 이에 육군장관으로부터 다르게 취급하겠다는 회신을 받았다. 5월 15일 미국 대통령 루스벨트에게 극동에 대한 소련의 야욕을 상기시키고 임정 즉각 승인과 무기 지원을 요청하는 서신을 발송하였다. 또 8월 23일 캐나다에서 열린 제1차 퀘벡 회담에 참석한 루스벨트 대통령과 처칠 영국 수상에게 전보로 임정 승인과 군사 지원을 요청하였다. 그해 8월 이승만은 한미협회와는 별도로 종교적 후원 단체인 기독교인친한회(The

Christian Friends of Korea)를 조직했다. 이 단체는 한국 의료 선교사 애비슨, 아메리칸 대학 총장 폴 더글러스 등을 중심인물로 내세웠으며, 이후 임시 정부 승인과 무기 지원을 목표로 활동하였다.

1943년 초 이승만은 미국의 루스벨트 대통령에게 한국 정부의 승인을 요청하는 서한을 보내면서 반소전선을 구성할 것을 요청하였다. 1943년 카이로 선언에서 미국은 한국의 독립을 지지하는 카이로 선언문을 발표하게 된다. 12월 19일부터 12월 22일간 가이 질레트 미국 상원 의원으로부터 임정 승인이 불가능하다는 서한을 받자, 동지들과 함께 항의 방문하였다.

1944년 7월, 이승만의 노력으로 미국 체신청이 태극 마크가 들어 있는 우표를 공식 발행을 성사시키기도 했다. 1944년 10월 18일 미국 체류 중인 이승만은 중국 충칭에 있는 임시정부 주석 김구에게 영문으로 편지를 발송하고 1944년 11월에 미국 정부가 한국인의 대일 항전을 기념하기 위해 5센트짜리 태극우표를 발행한다는 내용을 통지했다. 11월 2일 미국 체신청에서 태극우표를 발행하자 이승만은 한국의 독립을 미국이 지지한다는 증명으로 태극 마크를 도안하여 우표를 발행하였다는 사실을 알렸고, 발행된 태극우표 3점을 동봉하여 충칭 임시 정부로 발송해주었다.

미국의 소리 방송(VOA)의 항일단파방송 선전 활동

미국의 소리 방송은 미 국무부가 운영하는 전 세계의 청취자를 향해 각국의 언어로 송출하는 국제 방송으로 이승만은 6월–7월 동안 매일 미국의 소리(VOA) 초단파 방송망을 통해 고국 동포들의 투쟁을 격려하였다. 한국어 방송은 1942년 8월 29일 처음 방송되었는데, 이승만의 제안으로 첫 방송을 시작했었다. 당시 미국의 소리 방송은 1941년 태평양 전쟁이 발발함에 따라 전쟁 상황을 알려주는 역할을 했다.

전략사무국(OSS) 지원 요청

임정은 한국 광복군의 특수 훈련을 계획하고 미국 국무성의 협조를 기대했다. 임정의 연락을 받은 이승만은 미국 국무성 및 국방성과 교류하며 임정의 광복군과 미국 OSS의 합동 훈련을 중개하게 된다.

1942년 5월 5일 이승만의 미국 내 후원조직인 '한미협의회' 회장 제임스 크롬웰이 국무장관 코델 헐에게 임정 승인을 촉구하였고, 42년 9월 30일 이승만은 미국 육군전략사무처(OSS)의 로센봄 중위, 국무부 차관보실의 로스토우 등을 만나 중국 내 한국인 게릴라 부대 조직의 후원 문제를 협의하였다.

10월 10일 다시 미국 육군전략사무처(OSS)를 찾아 프레스톤 굳펠로우 대령에게 항일 게릴라 조직을 제의했다. 10월 미국 육군전략사무처의 협조를 얻어낸 뒤, 임정에 이를 통보하고 임정으로부터 한국인 선발 요원 50명의 명단을 OSS에 통보하였다. 1942년 12월 4일 12명의 한인이 선발되어 군사 훈련을 받기 시작하였다.

12월 7일 이승만은 루스벨트 대통령에게 한국인 군사 훈련에 대한 지원을 요청하는 서한을 보냈다. 12월 31일부터 1943년 2월 16일까지 이승만은 계속 미국 국무장관 코델 헐에게 면담을 요청하였으나 미 국무장관 코델 헐이 만나 주지 않자, 편지로 만약 미국 정부가 임정을 승인하지 않으면, 전후 한반도에 친소련 공산 정권이 수립될 것임을 강력히 경고하였다.

1943년 2월 17일 미국 육군장관 헨리 스팀슨에게 편지를 보내, 항일 게릴라 조직계획서를 제시하였다. 1944년 8월 21일 루스벨트 미국 대통령에게 편지를 보내 임정을 승인해줄 것을 거듭 촉구하였다. 9월 11일 이승만은 제2차 퀘벡 회담에 참석한 루스벨트와 영국 총리 처칠에게 다시 카이로 선언문의 문제점을 지적하고 일본 패망 후 한국의 분리 독립을 요구하는 전보를 보냈다. 이승만의 독립 승인 요청에도 불구하고 미국무부 내의 반대파와 공산주의자들은 임시 정부의 승인을 강력히 반대하였고 미국 대통령 루스벨트는 1943년에 카이로 선언에서 약속한 한국의 독립을 번복하고 1945년 2월 얄타 회담에서 소련의 스탈린과 한국의 신탁 통치를 합의하였다.

1945년 2월 5일 이승만은 미국 국무 차관 조셉 그루에게 전보를 발송하여 '한반도에 공산 정권을 수립하려는 소련의 야욕을 막는 방법으로 임정을 즉시 승인해줄 것'을 요구하였다. 3월 8일 미국 국무장관 에드워드 스테티니어스에게 4월에 열릴 샌프란시스코 유엔 창립총회에 임정 대표를 초청해줄 것을 요청하였다. 3월 9일 부인 프란체스카 도너를 대동하고 프랭클린 루스벨트 대통령의 영부인 엘리노어 루스벨트 여사를 면담하기도 하였다.

1945년 5월 유엔 창립총회에 참석하려는 한국인들에게 중국의 외교부장 송자문(쑹쯔윈)이 좌우 합작을 주장한 데 대해 맹렬히 반대 성명을 발표했다. 5월 샌프란시스코에서 열린 유엔 창립총회에서 이승만은 프랭클린 루스벨트가 얄타에서 한반도를 소련에 양도해 주었다는 정보를 접한 뒤 소련을 맹공격하는 선전을 하였다. 이때 이승만이 돌린 반소 전단지가 소련 측 대표들의 수중에도 들어가게 되어 소련 외상이자 소련 수석 대표인 몰로토프(Vyacheslav M. Molotov)는 이승만과 임시 정부를 극도로 적대시하게 되었다. 5월 14일 얄타 회담에서 미국과 영국이 한국을 소련의 지배로 넘겨주기로 비밀 협약이 이루어졌다는 주장을 발표하여(얄타 밀약설) 미국 국무부와도 충돌하게 되었다.

1945년 8월 8일 소련은 일본 천황이 무조건 항복하기 일

주일 전 한반도에 점령군으로 진주하면서 이승만을 반소적인 인물로 지목하고 그 뒤에 벌어지는 일련의 정치 과정에서 이승만의 참여를 사실상 배제하기로 계획하였다. 1945년 8월 23일 소련군은 스탈린과 외무부의 비신스키 차관에게 보낸 보고에서 이승만을 "한국의 망명 정치인들 가운데 가장 반동적이고 반소적인 인물"이라 보고하기도 했다. 소련군은 이승만을 반소적인 인물로 평가하는 이유로, "이승만이 43년 미국의 루스벨트 대통령에게 한국 정부의 승인을 요청하는 서한을 보내면서 반소전선을 구성할 것을 요청한 것"을 근거로 삼았다.

미국 워싱턴에서 맞은 광복

일본 천황이 방송을 통해 항복을 발표한 1945년 8월 15일 정오는 워싱턴 시간으로 14일 밤 11시였다. 이 뉴스를 접한 이승만은 그 날 밤을 거의 뜬눈으로 새웠다. 그는 부인 프란체스카에게 되도록 빨리 자신이 먼저 귀국하겠다는 결심을 밝혔다. 이때 프란체스카는 이미 준비하고 있는 중이었다. 이승만은 15일 아침 워싱턴에 사는 한국 교포 30여 명을 구미위원부로 불러 축하 파티를 열었다. 8·15 광복 직후 이승만은 즉시 귀국하려 하였으나 이승만을 기피 인물로 여기는 미국 국무부가 쉽게 여권을 내주지 않아 2개월간 발이 묶여 있었다. 이승만은 1945

년 9월 5일 국무성 여권 과장 루드 쉬플레어 여사를 통해 여권 발급 허가를 받았을 뿐 아니라 국방성 스위니 대령의 주선으로 미군 작전 지역인 한국에 들어갈 수 있는 허가도 일단 얻었다. 그러나 국무성은 곧 주미한국 외교 대표라는 이승만의 호칭을 인정할 수 없다는 이유로 여권 발급 허가를 취소해버렸다. 이승만은 즉각 호칭을 포기하겠다는 태도를 밝혔지만 국무성은 뚜렷한 이유를 대지 않은 채 계속 여권 발급을 거부하다가 나중에는 더 이상 그의 일에 간여하지 않겠다는 태도로 나왔다.

1945년 8월 하순 이승만은 미군 인사들과 연락을 취해 굿펠로 대령의 도움으로 미 여권국으로부터 여행 증서를 받고 군사지역으로 지정되어 있던 한국에 입국하려고 맥아더의 극동사령부(GHQ)로부터 입경 허가서를 받아 출발을 서두르게 되었다. 미국 국무부는 이승만의 허가서에 '고급 집정관(High Commissioner)'이라는 직함을 문제삼아 정정을 요구하였다. 이 문제가 발생한 것은 9월 23일이었다. 결국 이 표현을 삭제한 뒤에야 여행 문서를 재발급 받아 맥아더 장군의 주선으로 귀국길에 오를 수 있었다. 이렇게 천신만고 끝에 귀국길에 올라 1945년 10월 17일 한국에 도착하였다. 이승만은 후에 이렇게 회고했다. "일본군과 싸우는 것보다 미 국무부와 싸우는 것이 더 힘들었다"고….

이승만의 외교독립론

　이승만 박사 없는 대한민국의 독립은 상상할 수 없다. 1910년 프린스턴에서 국제 정치학 박사 학위를 받은 이승만은 세계 정세를 읽는 탁월한 안목의 소유자로 한국의 독립을 국제 관계의 틀에서 풀어야 할 숙제인 것을 인식한 혜안의 사람이었다. 이승만의 미국에서의 40년의 외교적 투쟁의 목표는 대한민국의 임시 정부를 독립된 국가 기구로 국제 사회에서 인정받는 것이 최우선의 과제였다. 그 결과 1919년 9월 11일 임시 정부의 대통령이 되면서 1919년 세계 1차 대전의 전후 문제 처리를 위해 열린 파리 강화 회의가 새로운 국제 질서를 여는 장이 될 것을 예견하고 한국의 독립국 지위를 얻기 위해 김규식을 파견한 이후, 1934년 제네바의 국제 연맹회의, 1943년 카이로 회담, 1945년 얄타 회담에 이르기까지 거의 모든 국제 회의에 직접 참가하든지 서한과 대표단을 보내 한국 독립의 당위성을 표방하였기에 국제 사회에서 대한민국의 독립 문제를 이슈화할 수 있는 계기를 마련하게 된다.

　또한 일본의 군국주의는 결국 세계 질서를 파괴하게 될 것을 예견한 그의 책 『일본 내막기』를 통해 일본의 세계 정복에 대항하기 위해서는 한국이 독립하여 연합국의 일원으로 일본과 싸워야 하고 향후 동아시아의 평화를 위해서도 한국의 역할이 절대적으로 필요하다는 그의 주장은 외교독립론의 핵심이었다. 현재도 미국은 대한민국을 동아시아 평화의 "Linchpin"(누구로도 대체할 수 없는 핵심)으로 여기고 있음은 결국 이승만의 예지가 옳았음을 인정한 것이고 그의 정책을 따르고 있다고 볼 수 있다.

그리고 이승만은 소련 스탈린의 공산주의가 대한민국의 독립과 함께 남진하리라는 것을 예견하고 터트린 "얄타 밀약설"은 당사국인 미국은 그 실체를 부인했지만 후에 밝혀진 사실은 허위가 아니였음이 확인되었고 얄타 회담은 미국의 희대의 소련 간첩 앨저 히스의 작품으로 소련의 북한 점령이 그 역사적 사실을 증명하였다고 볼 수 있다.

자유 대한민국의 두 날개

이승만 대통령의 국제 정세를 읽는 이러한 탁월한 통찰력은 수동적으로 세계 질서를 따라가는 것이 아니라 능동적으로 새로운 질서에 뛰어들거나 만들어 나가는 것이었다. 그는 세계의 모든 것은 받아들일 수 있어도 공산주의만은 절대 반대하고 나섰다. 그 이유는 이미 그의 정신세계가 열리기 시작할 때부터 그가 가지고 있던 신념은 기독교를 통한 자유 민주주의였고 오랜 미국 생활에서 익힌 미국인들의 청교도적 삶의 태도에 바탕을 둔 자유 시장 경제 체제였기 때문이다.

대한민국이 자유 민주주의를 기반으로 하는 시장 경제 체제로의 건국은 5천 년 가난의 역사와 종족주의적 대륙 세력권에 안녕을 고하는 몸짓이자 대륙 세력을 대표하는 공산주의 전체 체제에 문을 굳게 닫는 것이었을 뿐만 아니라 새로운 세계 질서인 해양 세력을 향해 대문을 활짝 열어 제치는 전환 세대로 거듭났음을 의미하는 것이었다. 때마침 벌어진 6.25 전쟁은 좌우의 동족상잔의 최악의 전쟁이었지만 대한민국을 조선 시대의 중세적 노예의 사고에서 완전 해방되어 현대적 자유의 세상을 여는 계기가 되어 계층 간의 이동이 활발하게 전개되는 Melting Pot(용광로)에 의해 진정한 대한민국의 현대인으로 거듭나는 계기가 되었다.

6.25 전쟁이 낳은 새로운 세계 질서인 냉전(Cold War) 시대의 개막은 경제적으로 새롭게 도약하려는 대한민국호의 운동장이 되어 주었다. 자유 시장 경제를 바탕으로 하는 민주주의 세계와 공산주의 경제 체제(COMECON)로 양분된 세계 경제의 블록화는 1947년 체결된 GATT(관세 및 무역에 관한 일반 협정)에 이어 WTO(세계 무역 기구 World Trade Organization : 회원국들 간의 무역 관계를 정의하는 많은 수의 협정을 관리 감독하기 위한 기구로 GATT 체제를 대체하기 위해 등장했으며, 세계 무역 장벽을 감소시키거나 없애기 위한 목적을 가지고 있다. 이는 국가 간의 무역을 보다 부드럽고, 자유롭게 보장해 준다.) 체제하에서 대한민국의 경제가 해양 세력으로부터 경제적 부를 이루는 중농주의

에서 중상주의로 전환하는 통상 외교로의 원동력을 찾는 계기가 되었다.

이러한 자유 민주주의라는 국가의 정체성과 자유 시장 경제의 틀을 마련한 이승만 대통령이 있었기에 대한민국이라는 최빈국이 시를 쓰고 풍금을 연주할 줄 아는 가장 소박하면서도 강력한 소신의 소유자인 박정희 대통령이 경제 개발 5개년 계획이라는 정책을 펴서 아직 세상사의 눈을 뜨지 못하고 있던 제3세계를 능가하며 세계 선진국들의 독무대인 경제 시장의 활동 무대를 상대로 경쟁을 하고 오늘날의 한강의 기적을 낳는 터를 닦아 놓은 것이다.

70년 만에 이룬 코리아의 기적

2013년 당시 오바마 대통령은 Korea War 60주년 기념식에서 6.25 전쟁은 Forgotten War가 아니라 Victory War라고 명명했다. "그 이유는 5000만 한국 국민들은 자유·민주·역동적 경제 체제에서 살고 있는 반면 북한은 압제와 빈곤에 시달리고 있기 때문입니다. 이 점에서 6.25 전쟁은 승리한 전쟁이며, 그건 바로 여러분이 남긴 유산입니다."라고 말했다.

오바마 전 대통령은 민주당 출신이지만 미국의 여야는 안보와 외교에서는 같은 목소리를 내는 특징이 있다. 비록 국내 정치적 현안에서 진보와 보수로 분열되어 싸우고 있지만 미국의 건국 이념에서는 한 치의 차이도 없다. 누가 더 민주적이냐를 위해 싸울 뿐이다. 단지 거짓과 위선과 선동을 전술 전략으로 삼고 있는 PC 좌파 민주당과 진실과 시장을 바탕으로 한 작은 정부를 추진하는 공화당과의 대립 속에 있지만 결국은 책임이 결여된 Liberal 민주당과 책임지는 Freedom 공화당의 자유를 어떻게 쟁취하려는가의 결투일 뿐이다.

미국이라는 나라는 자유, 생명, 평등, 그리고 행복 추구권이라는 신이 부여한 인류 보편적 가치관인 인권 보호를 위해 세워진 나라다. 그런 의미에서 미국의 대외 정책의 제1 목적은 기독교의 자유정신을 담고 있는 자유 민주주의를 위한 외교다. 그러므로 미국의 젊은 병사들은 세계의 전체주의 독재자와 공산주의의 반인권적 폭력자들과 싸운다. 70년 전 극동의 끝자락에 붙어 있는 이름도 모르는 대한민국을 구하기 위해 5만에 가까운 미국의 젊은 병사들이 희생당한 6.25 전쟁은 아직 끝나지 않고 잠시 쉬고 있는 정전 상태에 있으므로 아마 아무런 의미없이 희생만 당한 베트남 전쟁 정도로 치부하려는 경향이 짙었다.

그러나 그들이 피흘려 도와준 대한민국이 지금까지 그들이 도와준 나라들 중에 유일하게 민주화와 선진화를 함께 일구고 세계의 선진국 문턱에 우뚝 서자 미국 국민들은 6.25 전쟁을 다시 보게 되었다. 자신들의 희생이 결코 헛된 일이 아니었음을 대한민국이 입증했기 때문이다. 이런 보람된 역사가 어디 있겠는가? 6.25 전쟁에 UN군으로 참가했던 미군 참전 용사들을 만나보라. 저들의 첫 소리가 "Thank you"다. 왜? 우리 한국민들이 저들에게 눈물 흘리며 감사하다고 말해야 하는데 오히려 반대로 저들이 우리에게 감사하단다. 저들의 가슴속에 깊숙이 박혀 있는 말할 수 없는 감격은 자신들이 도와준 대한민국이 이렇게 훌륭한 나라로 성장한 것이 대견하다는 것이다. 마치 형이 열심히 일해 동생을 공부시켜놨더니 동생이 훌륭한 사람이 되었을 때 갖는 뿌듯함이 배어 있는 것 같은 동병상련인 것이다. 자신들이 흘린 피와 눈물과 땀방울이 헛되지 않았기에 이들이 한국 땅을 다시 밟을 때 주저않고 무릎을 꿇고 한국 땅에 키스를 하는 것이다. 만약 한국민들이 이러한 사실에 감사가 없다면 이는 배은망덕한 것이다. 감사를 잃어버린 민족은 곧 망할 민족이다. 현재의 정치 현실이 안타까울 뿐이다.

대한민국은 누가 뭐라해도 해양 세력권의 국제 사회의 도움을 많이 받은 나라임을 잊어서는 안 된다. 지금의 대한민국을 존재케 한 탁월한 지도자로 대변되는 이승만과 박정희 대통령의 지도력과 우리 할아버지와 아버지 세대의 나는 못 먹고 못 배워도 자식만큼은… 이라는 희생적인 근면함 위에 국제 사회의 도움이 있었기에 가능했다. 더구나 "한미 군사 동맹이라는 미국의 울타리가 없었더라면"이라는 가정문을 적어 놓고 깊이 생각해 보라. 어떤 답이 나올지…. 각자에게 나온 답이 현재의 대한민국의 현실보다 더 훌륭한 답이 나올 수 있을까?

이렇게 근면하고 성실했던 대한민국이 어느 순간부터 청년이 되기도 전에 노인병적 증세가 나타나기 시작했다니 참으로 안타까울 뿐이다. 로마 제국의 말기 현상처럼, 조선의 후기의 참담한 말기적 쇠망 증세가 보이기 시작했다는 데 심각한 문제가 있는 것이다.

로마 제국의 멸망 원인과 신생 강국 대한민국의 증상

1788년 영국의 작가 에드워드 기번은 『로마 제국의 쇠망사』라는 책에서 로마 제국의 멸망 원인 다섯 가지를 지적했다. 250여 년 전에 쓰여진 책이지만 그의 관점에서 본 로마 제국의 멸망 원인은 21세기를 사는 오늘날의 대한민국의 현실과도 흡사해 몇 가지 지적해 보고자 한다.

이혼율의 급증으로 인한 가정의 붕괴

성경에 의하면 하나님은 아담을 지으시고 아담이 독처하는 것이 좋지 못하자 그를 위하여 돕는 배필을 주셨다. 최초의 인류인 아담과 하와가 이 땅에서 이룬 첫 번째 일이 둘이서 힘을 합하여 가정을 이룬 것이다. 가정은 남녀가 각각의 힘을 하나로 합하여 만드는 이 세상 사회의 기본 단위이자 인간이 도덕적 존재가 되는 첫걸음을 배우는 곳이다. 가정을 이룰 때 생육하고 번성하고 땅에 충만한 복을 받게 되는 것이다. 복을 받는 기본 단위가 가정이다. 우리 조상들은 개인이 복을 받는다고 생각하지 않았다. 복은 각 가정을 통해 들어온다. 그러므로 한 남자와 한 여자가 서로의 힘을 하나로 합쳐 가정을 이룰 때 사회가 건전해지고 가정을 지켜주는 국가가 튼튼해지고 세상은 발전해 나간다.

가정에 분란이 일어나고 파괴되면 우선 사회가 어지러워지고 사회를 안전하게 지켜주는 국가의 힘이 약해진다. 개인의 평안과 건강을 지켜주는 가정의 틀이 약해지면 국가의 사회적 비용이 상승하게 된다. 부부가 함께 일구는 가정이 깨어지면 소득이 줄어 저소득층이 증가하고 인구의 감소로 사회적 불안이 조성된다. 특히 국가의 복지를 중요하게 여기는 현대에 이르러서는 가정의 불안은 사회적 비용이 급증하게 되어 개인의 세금 부담이 증가하게 되는 악순환을 이루게 된다.

로마는 하루 아침에 이뤄지지 않았다(Rome was not built in a day). 인류 최초의 제국인 Pax Romana는 로마 제국을 이루기까지 숱한 난관을 이기며 일궈냈다는 뜻이다. 성경 다니엘서에 의하면 로마 제국은 강철로 비유되어 있을 만큼 강한 제국으로 표현되어 있는데 이런 로마도 어느 시점에 외부의 힘에 의해 갑자기 무너진 것이 아니라 서서히 장기간 내부적으로 조금씩 붕괴의 단초가 쌓여 왔기 때문에 멸망하게 된다. 멸망의 징조들을 여러 가지 이유로 꼽을 수 있지만 그 핵심적인 원인 중 하나가 바로 '인구' 감소라 할 수 있다.

1) 로마 제국의 인구 감소의 두 가지 요인

사실 로마 멸망의 근거로 가장 유력하게 거론되는 것은 경제 침체다. 전성기의 로마는 거의 제로에 가까운 저비용으로 단위노동당 생산성을 극대화했다. 이유는 계속되는 영토 확장으로 확보된 대규모 노예 인구를 공급했기에 가능한 구조였기 때문이다. 그러다 더 이상 영토 확장이 이루어지지 않자 이 구조가 약해지고 끊겨 종국엔 불황에 직면하게 된 것이다. 영토 확장이 멈추자 국가의 재정 약화로 이어진다. 재정 곳간이 바닥나기 시작했다. 세계 최초의 기축 통화였던 로마의 데나리온은 노동자의 하루 품삯의 가치로 은 3.8g였으나 로마가 힘이 약해지면서 A.D. 54년 100%에 가까웠던 은 함유량은 200년쯤 지난 뒤에는 4%도 안 되게 떨어졌다. 화폐 가치의 혼란은 곧 제국의 몰락을 의미하게 된다. 그럼에도 당시 로마 시민은 대형 제국의 지배 세력답게 엄청난 복지 수혜를 독점하고 있었다. 이들을 부양해야 하는 사회적 부담은 고스란히 국가의 재정 약화로 이어졌다. 목욕탕과 화장실, 포도주 등 익히 알려진 퇴폐적인 로마 문화가 그 산물이다. 다시 말하면 전성기 때 구축된 '영토 확장 → 노예 공급 → 경제 성장 → 복지 강화'의 운영 논리에 균열이 생기면서 작동이 정지된 것이, 로마 멸망의 주요 근거라 할 수 있다.

현재도 마찬가지다. 당시의 부의 근원이 영토 확장이라면 현대 국가의 부의 근원은 "기업 확장 → 노동 수요 증가 → 경제 성장 → 복지 강화"라는 등식이다. 이 등식이 깨어지면 국가의 부는 사라진다. 파이를 만들려하지 않고 나누는 일에만 몰두하면 파이가 떨어지고 나면 모두가 굶게 되는 것과 같은 이치다.

여기서 주목해야 할 것이 바로 인구라는 또 하나의 변수다. 에드워드 기번(Edward Gibbon)의 지적처럼 『로마인 이야기』의 시오노 나나미(鹽野七生)도 로마 제국의 멸망 원인을 인구 감소로 꼽고 있다. 출산 감소와 인구 유입원이 감소되어 현역 인구가 줄어들면서 국가 경제의 기둥이 흔들리기 시작한 게 로마 멸망의 직접 원인이란 지적이다.

로마 제국의 인구 감소는 두 갈래로 진행된다. 우선 제국 확장이 중단되자 경제 발전의 원동력으로 기능했던 노예 공급이 줄어들었다. 이것은 생산 가능 인구의 감소로 직결됐다. 당연히 복지 재원의 지출에 부담이 발생했고, 유입 민족의 증가까지 더해지면서 사회 내분이 촉발됐다.

또 다른 인구 감소 원인은 로마 본국의 지배 계급에게 광범위하게 퍼진 출산 기피 풍조였다. 평민층 이상에서 자식을 적게 낳거나 낳지 않으려는, 요컨대 '저출산 신드롬'이 독버섯처럼 만연했다. 로마 제국의 정통성을 유지하는 핵심 계층의 유입이 제대로 공급되지 않은 것이다.

원래 로마 제국은 인구 대국이었다. 황금기로 불리는 클라우디우스 황제 때는 1억 2,000만 명을 넘어선 것으로 알려졌다. 에드워드 기번이 "제국의 위력은 인구에 있다"고 평가한 이유다. 심지어 아이를 10명 이상 가진 가정이 흔했을 정도였고 그 당시 상상도 할 수 없을 만큼 로마 시내의 인구가 70만의 대도시를 이뤘다.

역사를 통틀어 로마 제국만큼 강력한 인구 정책을 편 나라도 드물다. 지중해를 둘러싸고 도너츠 형태로 2400km의 국경선을 지킬 수 있는 힘의 근원이 인구에 있다는 것을 로마의 황제들은 누구보다 잘 알고 있었기 때문이다.

시저에 이어 즉위했던 로마 제국 최초 황제인 아우구스투스 황제는 독신 풍조가 유행할 조짐을 보이자 기원전 18년 '정식 혼인에 관한 율리우스법'을 제정했다. 25-60세의 남자와 20-50세의 여자가 결혼하지 않으면 세금을 물렸다. 이른바 독신세다. 일정 규모 이상의 재산을 가진 독신자의 경우 수입의 1%를 독신세로 내게 했다. 독신 남녀가 50세가 넘으면 어떤 재산을 상속받지도, 상속하지도 못하게 했다.

여기에 출산 장려 정책이 더해졌다. 독신 풍조가 출산 저하로 이어지고, 그리고 국력 감소로 귀결된다는 점을 인지하고 있었던 아우구스투스는 미혼 여성에게 독신세를 매김으로 결혼을 장려하는 정책을 썼다. 공직 등용 때도 능력이 동일하다면 다자녀 가구에 우선적인 취업 기회를 제공했다. 집집마다 아기 우는 소리가 들려왔고 골목마다 아이들 웃음소리가 떠나지 않았다. 강력한 인구 장려 제도를 구축한 것이다. '인구가 곧 국부'라는 등식을 만들어 제국 확장의 기본 토대로 활용하며 인구 대국의 저력이 국가의 힘으로 나타나는 선순환이 일어나게 된 것이다.

그러나 인구의 저하는 국력의 쇠퇴로 귀결되고 멸망을 앞둔 로마 인구는 전성기와 비교해 절반 이하인 5,000만 명까지 축소됐다. 고도성장을 지속하던 공격적인 제국 확장이 멈추고 노동 인구의 유입이 없는 평화 시절이 지속되자 출산은 급격히 감소했다. 역사는 평화가 망친다는 말이 있다. 평화가 지속되면 국민 정신이 해이해지고 쾌락에 집중하기 때문이다. 더군다나 거짓 평화를 내세우면 국민 정신이 느슨해지기 때문에 국가는 위기의 낭떠러지 앞에 서게 된다는 것이 역사의 증언이다.

국가 유지의 핵심인 인구가 감소하자 국력은 힘없이 무너지기 시작했다. 가정의 파괴는 인구 감소로 이어지고 사회와 경제 유지에 활력이 사라지게 된 것이다. 시오노 나나미는 "출산 감소를 방치한 나라 중 부흥한 예가 없다."고 경고한다. '로마 멸망=인구 감소'의 등식이 확립된 것이다.

로마 멸망의 이유가 주는 교훈은 2020년 현재를 기준으로 봐도 '인구 감소=국력 쇠퇴'라는 등식은 유효하다. 선진국으로 분류되는 나라들은 여전히 이민 등 국제 전입이 늘면서 인구가 증가하고 있다. 세계 20/50 클럽에 속한 7개 국가가 있다. 미국, 영국, 독일, 프랑스, 이태리, 일본, 한국(2012년 가입)뿐이다. 그러나 이들 국가 중 가장 늦게 이 클럽에 가입한 대한민국은 가입하자마자 퇴출될 처지에 놓여 있다. 한국의 인구 감소 이전에 이혼율 급증으로 인한 가정 파괴와 젊은이들의 혼인 기피 현상이 더 큰 문제로 대두되기 때문이다. 32개국 OECD 국가 중 출산율 최저와 자살률 최상, 이혼율 2019년 기준 11만건으로 OECD 국가 중 9위인 나라가 온전하게 국부를 유지할 수 있겠는가?

로마 멸망의 제1원인이 인구 감소라는 전철을 밟을지, 70년 단기간 만에 이룬 한강의 기적을 꾸준히 이어갈지 한국 사회는 갈림길 위에 서 있다. 미국고령화협회(AGE) 설립자인 폴 휴이트는 "2100년 한국 인구는 3분의 1 이하로 떨어질 것"이라 예고했고 데이비드 콜먼 옥스퍼드대 교수는 "한국이 지구에서 사라지는 최초의 국가가 될 것"이라고 경고했다.

몇 년 전부터 N포 세대라는 말이 유행이다. N포 세대(N抛世代)는 N가지를 포기한 사람들의 세대를 말하는 신조어이다. 처음 3포 세대로 시작되어 'N가지를 포기한 세대'로 확장되었다. 삼포 세대(三抛世代)는 연애, 결혼, 출산 3가지를 포기한 세대를 말하며, 오포 세대(五抛世代)는 집과 경력을 포함하여 5가지를 포기한 것을 말한다. 칠포 세대(七抛世代)는 여기에 희망/

취미와 인간 관계까지 포함하여 7가지를 포기한 세대를 일컫는다. 세대를 풍자하는 말인 것 같지만 다 자신을 탓하기 전에 세상을 탓하는 못난이들의 말장난이다.

대한민국은 불과 70여 년 전 모든 것을 포기할 수밖에 없는 전포 세대를 이겨내고 현재를 이룬 민족이다. 그 당시에는 지금보다 더 열악한 상황에서 지하 쪽방에서 결혼의 단꿈을 꾸고 아이 낳고 지상 방으로 올라오고 지상에서도 가장 높은 아파트로 올라온 저력의 민족임을 잊어선 안 된다. 마치 17년을 지하에서 생활하다 성충이 되어 7일을 나무 위에서 살다 가는 매미와 같은 인생을 살 것인가? 다시 40년을 더 살기 위해 깊은 산속 바위에 부리를 찢고 발톱을 뽑아내는 환골탈태하는 독수리 같은 삶을 살 것인가? 이제 선택의 날이 눈앞에 다가왔다.

2) 높아지는 세율과 계획성 없는 재정 지출(낭비)

"세상에 확실한 것은 죽음과 세금뿐이다." 미국의 100달러 지폐의 주인공인 미국 건국의 아버지 가운데 한 명인 벤자민 프랭클린이 남긴 유명한 말이다. 이 세상에 사는 인간인 이상 아무리 노력해도 죽음은 피할 수 없고, 한 국가의 국민인 이상 아무리 애를 써도 세금을 피해갈 수는 없다는 얘기다. 그만큼 한 국가의 국민으로 살려면 국민의 의무인 납세의 의무가 중요하고 국가는 세금을 거두는 대신 국민의 보호를 최우선으로 삼아야 하고 국민이 납부한 세금인 국가의 재정을 잘 관리해야 한다는 얘기일 것이다. 세금은 보통 국가 재정 예산의 4분의 3 가량을 차지할 만큼 나라 살림을 꾸려나가기 위한 가장 중요한 재원이다.

로마의 인구가 줄자 자유 시민 계급의 붕괴가 일어나고 북방 민족의 유입이 대거 일어나자 국가적 정체성이 상실되어 갔다. 특히 로마 말기 4세기경에 들어 갈수록 심각한 재정 적자는 통화 가치를 하락시켜 로마 멸망을 재촉하는 결과를 낳게 하였다. 여기에 인구는 줄어드는 가운데 대규모 군대를 유지하고 국민들에게 식량과 오락(entertainment)을 제공하느라 심각한 재정 적자에 가속도를 붙이는 결과에 직면하게 된다.

이런 재정 적자를 해결하기 위한 꼼수로 주화의 금은 함량을 낮추어 화폐의 액면가는 그대로인데 금은 함량을 낮춤으로 화폐 주조의 차익(seigniorage)을 챙기는 꼼수가 늘어나자 금은 본위제 자체가 무너지게 되었다.

이 시뇨리지(Seigniorage)는 중세 봉건 영주(Seignoir)들이 금화를 만들때 값싼 구리를 섞어 그 차익을 챙긴 데서 유래한 말인데 결국 로마는 이런 꼼수를 부려 재정 적자를 메웠지만 화폐의 신뢰가 무너지고 물가가 뛰는 인플레이션에 대한 대책은 전무한 상태였다. 권력자들이 자신의 임기 동안 불안을 막기 위해 화폐를 마구 찍어내 물가가 폭등하는 것은 인류 경제사가 보여주는 분명한 역사적 적폐의 사례들인 것이다.

현재도 중요한 동전에는 동전 끝에 홈이 파여 있는 것은 금과 은을 갈아서 그 값어치를 떨어뜨리지 못하게 하기 위한 수단의 표시다. 화폐의 명목 가치를 위해 실질 가치를 떨어뜨리는 경제적 꼼수를 현재 소득주도성장이라는 그럴듯한 용어로 포장한 조삼모사의 또 다른 언어 잔치가 국민들의 마음을 혼돈시키고 국가의 경제를 송두리째 흔들고 있는 모양과 흡사하다.

로마가 망한 이유는 제국 확장이 멈추자 경제 확대가 정지되고 경제가 축소되자 인구가 감소하는 악순환이 이어졌기 때문이다. 당시의 제국 확장의 역할을 오늘날의 기업의 시장 확대와 같은 맥락으로 본다면 일자리를 창출하는 기업을 옥죄이고 재벌을 적폐로 몰아부치는 한 로마의 몰락처럼 대한민국호 역시 추락의 길로 갈 수밖에 없다는 것이 역사가 보여주는 시청각 교훈이다.

미국의 아들 부시 대통령 당시 일본과의 무역 적자를 해소하기 위해 일본을 방문했을 때의 일이다. 기자 회견이 이루어지자 한 기자가 부시 대통령에게 물었다. "Toyota in USA가 미국 회사인가 아니면 IBM in Japan이 미국 기업인가?" 이 질문에 부시 대통령은 망설임 없이 "Toyota in USA가 미국 회사"라고 대답했다. 이 기자 회견이 시사하는 바가 크다. 대한민국이라는 나라는 국내 소비만으로는 절대 부를 이룰 수 없는 나라라는 것은 온 국민이 다 아는 바이다. 그런데 아직도 일제 강점기적 사고방식으로 외국 자본이 국내 투자를 하면 매국자본으로 매도하는 세력이 한국의 경제 정책을 펴는 한 대한민국은 절대 선진국이 될 수 없다.

이런 사고방식을 과감히 깨뜨리고 경제의 눈을 해외로 돌린 정부가 이승만, 박정희 정부였다. 대한민국은 지정학적 땅덩어리로는 세계 1위, 군사력 2위인 국가인 러시아와 경제력으로는 2위이자 아시아의 패권국임을 지향하는 중국, 그리고 산업 기술력, 경제력, 군사력으로 3위를 가라면 서러워할 일본과 경쟁하며 살아가야 할 운명이다. 이런 나라가 살아남기 위해서는 세계 패권국인 미국과 군사 동맹을 맺고 그 바탕 위에 세계를 시장삼아 살지 않으면 국가의 안보를 담보할 수 없고 경제적으로 자급자족할 수 없다. 이 사실을 미리 파악한 이승만 대통령은 현재의 휴전선을 경계로 정전 협정을 맺으려는 미국의 아이젠하워 대통령을 설득하여 1953년 한미 군사 동맹을 맺음으로 오늘날의 대한민국의 번영의 울타리를 만들었다.

결국 한 가정의 살림살이가 잘못되었을 때 가정이 빚더미에 쌓여 가정이 파탄나듯이 국가의 운명은 안보뿐 아니라 정부가 나라 경제를 얼마나 잘 운영하느냐에 달렸다고 해도 과언이 아니다. 현재도 미국의 대통령이 재선에서 승리하려면 그 기준의 첫 번째가 경제 정책의 성공 여부가 당락 판가름의 기준이 될 정도이다. 그 만큼 국가 경영의 최우선을 경제 정책으로 삼아 국민의 주머니를 튼튼히 해야 다음 임기가 보장된다는 것이다.

현재 대한민국의 경제 정책 중간 평가를 한다면 지금 당장 현 정권은 문을 닫아야 한다. 국가의 경제를 발전시키지 못하는 정부는 국가를 파탄에 이르게 한다. 로마의 쇠망 이유가 세금을 납부하고 국방의 의무를 진 평민의 수가 감소하는 판에 귀족들을 위한 지나친 재정 정책이 국가 경제를 파탄의 늪으로 빠지게 하는 계기가 되었기 때문이다.

3) 비정상적 쾌락의 추구

2천 년 전, 로마를 상상하면 떠오르는 모습이 방대한 영토를 지배하기 위해 궁궐 깊숙하고 비밀스런 장소에서 각종 진귀한 과일로 채워진 식탁과 포도주를 들고 의미 심장한 미소를 지으며 비스듬이 누워 누군가와 대화를 나누고 있는 황제, 백마를 타고 승리의 개선문을 행진하는 전승 장군의 행렬, 화려한 토가를 차려입은 귀족들과 검투 시합을 보며 열광하는 시민들, 대리석으로 지은 목욕탕에서 이루어지는 은밀한 대화와 거침없는 섹스 파티, 반란을 꿈꾸는 노예와 검투사들, 그리고 로마 시민의 엔터테인먼트를 책임진 노예 상인들 등이다.

고대 로마는 오늘날까지 영화와 드라마, 소설에 끊임없는 소재를 제공해 주는 판도라 같은 상자다. 역사상 그토록 지배적이고, 화려하고, 사치스럽고, 폭력과 성이 난무했던 시대는 찾아보기 쉽지 않다. 현대인들은 그런 로마의 '방탕과 타락'을 은근히 꼬집으면서도 부러워하면서 즐기고 이러한 상상은 네

로와 칼리굴라 같은 비이성적인 폭군 황제나 잔혹한 검투사들의 세계를 다룬 작품들을 만들어낸다.

그런데 아이러니하게도 로마 시대 때 그 누구보다 앞장서 쾌락을 추구했던 이들은 다름 아닌 황제들이었다. 로마가 공화정을 지나 황제 독주 체제로 전환되자 로마 황제라는 자리는 사실상 그 누구도 넘볼 수 없는 무소불위의 자리로, 그들의 쾌락 추구에는 그 어떤 제약이 있을 수 없었다. 인간과 신의 경지를 오가는 위치에서 자신의 쾌락을 추구하기 위해 남의 아내를 함부로 취하고 수많은 인명을 무자비하게 살육한 폭군 네로나 칼리굴라 같은 황제들은 역사에 '악의 화신'으로 낙인 찍혀 있다. 오죽하면 성경에 갈릴리 지역의 분봉왕 헤롯 왕조차 이들 황제들을 흉내 내어 자신의 동생의 아내 헤로디아를 취하는 악행을 저지르게 되었을까.

그러나 이런 폭군들과 달리 '성인'으로 추앙받았던 아우구스투스 황제조차 쾌락을 추구하는 데 있어서는 황제로서의 진면목을 유감없이 발휘하였다. 황후 리비아는 원래 남의 아내였는데 빼앗은 것이며 나이 들어서까지 수많은 처녀들을 줄줄이 침실로 불러들였다. 황제를 위해 처녀들을 간택하는 일은 리비아 황후가 손수 맡을 정도였다. 현명하고 후덕한 황제로 백성들의 추앙을 받은 아우구스투스조차 개인적인 쾌락을 양보하지 않았으니 다른 황제들이 어떠했으리라는 것은 가히 짐작이 가고도 남음이 있다. 뿐만 아니라 근친상간의 사례는 오히려 그렇게 안하는 사람이 이상할 정도로 만연된 사회 현상이었다.

황제들의 추악상

여기서 몇 황제들의 성적 쾌락 추구가 얼마나 성행했고 국민에게 비친 그들의 추악한 모습들이 무엇인지 조명해 보고자 한다.

로마의 황제들은 무소불위의 권력을 무기로 유희와 쾌락에 빠져 퇴폐적인 성적 만족에 치중하여 국민들을 점차 나태하게 만들고 국가의 힘을 낭비하는 데 일조하게 된다. 황제가 앞서 극단적 쾌락만을 추구하니 백성들도 차차 나태해지고 극단적 퇴락과 유희에 물들게 되었다. 결국 썩은 제국은 너무 쉽게 초라한 모습으로 멸망해 가고 말았다. 국가의 지도층의 부패는 필시적으로 국민의 타락으로 이어진다.

사디스트이자 마조히스트 도미티아누스 황제

기독교를 박해한 최초의 황제인 도미티아누스는 거만하고 난폭한 성격 탓에 재미로 사람을 괴롭히는 사디스트적 기행의 소유자였다. 그는 침상 게임이라는 시합을 통해 남의 아내를 유혹하여 농락하는 것을 취미로 삼을 정도였다. 이런 황제가 나라를 다스려도 그들의 불륜을 말릴 사람조차 없어진 세상이 되고 만 것이다. 거기다 하루 종일 침상에 뒹굴며 첩의 몸에 난 털을 모두 뽑아 버리는 엽기적 행동을 저지르는 사이코형 지도

자가 국가를 다스리니 그 나라가 어찌 되겠는가?

이런 사례는 로마 시대에만 일어나는 것이 아니다. 현재에도 자유 민주주의가 사라지고 권력의 분립이 사라지게 되면 지도자가 거짓과 위선으로 국가를 다스려도 주변 모두가 박수치는 사회는 이미 끝난 나라와 같다.

동성애자 율리우스 시저

율리우스 시저는 고대 로마의 유명한 정치인이자 명장이며 독재자 황제였다. 뛰어난 능력으로 칭송을 받았지만 고집불통의 독재자란 칭호를 함께 받은 사람이다. 시저는 소아시아의 비티니아 왕국을 속주로 삼아 비티니아 왕인 니토메데스 4세의 시중을 받다 둘이 동성애에 빠지는 사이가 되어 여성의 역할을 하여 카이사르는 비티니아 왕국의 왕비였다는 소문이 돌 정도였다.

남자 동성애자를 신으로 삼은 히드리아누스

히드리아누스는 로마 5현제 중 한 명으로 전쟁에서 한 번도 지지 않은 명장이었다. 로마 최전성기의 황제였던 그는 그리스의 안토니우스란 남자와 사랑에 빠져 현재 대영박물관에 히드리아누스와 왕비, 그리고 안토니우스 3명의 동상이 나란히 있어 당시의 기묘한 분위기를 노골적으로 보여주고 있다. 안토니우스가 먼저 죽자 이를 슬퍼한 황제는 그를 신으로 선포하여 숭배하게 하였다.

소아성애자 티베리우스

티베리우스 황제는 재임 당시 국고를 튼튼히 하고 제국 전반의 인프라를 안정화했던 유능한 황제였지만 등극 후 10여 년 만에 자신의 아들의 권력이 더 커지자 이를 경계하여 근위대장에게 나라를 맡긴 후 섬으로 잠적하여 그곳을 파라다이스로 만들어 자신의 별장에 미소녀, 소년들을 불러다 온갖 추악한 짓을 일삼았다.

근친상간자 칼리굴라

칼리굴라는 황제로 등극하자마자 전 국토를 축제의 장으로 만들어 쾌락을 즐기게 했고 온갖 축제로 국고가 바닥나자 국가가 보장하는 매춘을 합법화하여 궁녀들을 매춘부로 만들고 자신도 매춘을 즐겼고 자신의 여동생들과 즐기는 근친상간을 일상화시킨 인물이다.

사이코패스 정신분열증 환자 네로

폭군 중의 폭군으로 알려진 네로 황제는 전형적인 사이코로 자신의 어머니인 소아그리피나와 근친상간을 행했던 자로 영어의 가장 나쁜 욕(mother fucker)이 바로 이 자에게서 유래되었다. 그 후 어머니를 죽이고 포피에나 사비나란 여자와 결혼하여 임신한 여인을 다시 죽이는 참극을 벌이기도 했고 여색에 신물을 느낀 그는 스포루스란 남자와 남색을 즐기기 시작했다. 스포루스는 역사상 최초의 트랜스젠더였다.

변태행위자 엔리가발루스

엔리가발루스 황제는 앞서 언급한 모든 변태적 행위의 결합체로 전국에 관리들을 보내 근육남들만 골라 자신의 밤을 시중들게 했고 자신은 여장을 하고 마치 여황제인양 목소리조차 여성 목소리를 내다 근위대장에게 죽임을 당하여 로마 시내를 발가벗긴 채 끌려다니다 난도질당하여 시체는 시궁창에 버려진 최악의 황제였다.

문제는 권력을 분리했던 공화정이 사라지고 황제에게 모든 권력이 집중되어 일어난 참상이었다. 황제의 나태에 대한 견제 장치만이라도 남아 있었다면 로마의 급속한 멸망은 막을 수 있었을 것이다. 현재도 마찬가지다. 권력이 한 사람에게 집중되면 모든 것은 끝난다. 그런 나라는 결코 오래 지속되지 못한다는 것이 로마 제국이 보여주는 역사의 교훈이다. 또한 일국의 대통령이면 국가가 발전하고 국민 생활이 향상되는 것을 보면서 보람을 느껴야 하는데 국가 발전은 되지 않고 국민이 경제적 고통을 받는 것을 오히려 즐기는 대통령이면 말해 무엇 하겠는가?

4) 조형물과 건축물

인간의 권력은 자신의 힘을 과시하기 위해 건축물과 조형물 건축에 혼신의 힘을 기울인다. 이를 위해 사회적인 쾌락의 추구는 먼저 눈으로 보이는 것에서부터 시작된다. 시저와 폼페이우스는 로마 전역에 대규모 건축물과 위락 시설을 조성하였는데 거기에 들어간 돈은 가히 천문학적인 수준이었다. 시저의 후예인 로마의 초대 황제 아우구스투스는 새로운 로마시를 건설하는 데 혼신을 기울었으며 후대 황제들은 자신의 위상과 치적을 보여주는 가장 확실한 방법으로 건축물을 선택하였다.

제국의 수도 로마의 모습은 당시 이미 세계 최고의 도시로서의 위용을 뽐냈으며 대표적인 건축물이 고대 로마 신들에게 바치는 신전으로 사용하려는 목적으로 지은 판테온 신전(라틴어: Pantheon)으로 그리스어 '판테이온(Πάνθειον)'에서 유래한 말로, "모든 신을 위한 신전"이라는 뜻이다. 판테온 신전은 하드리아누스 황제 때 서기 125년경 재건되었다. 모든 고대 로마 건축물 가운데 가장 보존이 잘 되어 있고, 역사적으로 판테온은 계속 사용되었다. 7세기 이후부터는 로마 가톨릭교회의 성당으로 사용되었고 현재 로마에서 존재하는 가장 오래된 돔 구조형의 건물이다. 바닥에서 원형 구멍까지의 높이와 돔 내부 원의 지름은 43.3m로 같다. 판테온과 콜로세움을 비롯한 경이로운 건축물들의 유적은 오늘날까지 위용을 자랑하며 현대인들의 감탄을 자아낸다.

콜로세움은 서기 70-72년경 예루살렘을 멸망시킨 티투스 장군의 아버지인 베스파시아누스 황제에 의해 건설이 시작되었다. A.D. 70년경 예루살렘을 함락한 후 유대인들의 성전에서 가져온 황금과 재물을 사용하여 콜로세움의 건축에 보태기 시작하였다. 발견된 비문에 따르면, 베스파시아누스 황제는 유대 원정의 전리품들을 콜로세움의 건축에 사용할 것을 명령했고 전리품과 함께 끌고온 10만 명의 유대인 노예들이 건축에 동원되었다. 노예들은 로마에서 20km 정도 떨어진 채석장에서 돌을 옮겨왔고, 로마인 건축가들과 전문가들이 보다 전문적인 작업들을 수행하였다. 콜로세움은 목재, 응회암, 석회암, 콘크리트, 타일과 같은 재료로 지어졌다. 79년에 콜로세움의 3층이 완공되었고 베스파시아누스 황제의 뒤를 이은 티투스 황제 치세하에 완공되었다. 81년에 건축이 완료된 콜로세움의 개막식에는 100일이 넘는 동안 기념 축제를 열었으며 9,000마리가 넘는 야생 동물들이 죽었다고 기록되어 있다. 또 이를 기념하기 위한 주화까지도 발행되었다. 콜로세움은 도미티아누스 황제 아래에서 개축되어 콜로세움 하부에 지하 터널이 생겼으며, 좌석 수도 크게 늘어났다.

217년, 콜로세움에 낙뢰로 인한 화재가 일어나 목재로 지어진 상층부가 전소했고, 240년까지 복구되지 않다가 250년에 완전히 복구되었다. 443년에 대규모 지진이 일어나 콜로세움을 다시 복원했다는 기록이 남아 있다. 경기장은 6세기까지 계속 사용되었고, 동물 사냥은 적어도 523년까지 계속되었고 로마인들의 화려한 엔터테인먼트를 책임지는 장소로 기록되고 있다.

이를 비롯한 도시 건축의 열풍은 귀족들의 빌라와 정원으로 그대로 옮겨져 오늘날 발견되는 고대 로마의 빌라들은 현대인들은 꿈도 꾸지 못할 정도로 화려함을 보여준다. 빌라에서 발견되는 각종 프레스코 벽화와 모자이크화, 그리고 조각 작품들은 이탈리아와 유럽 각국의 박물관들을 가득 채우고도 남을 정도로 차고 넘친다고 하니 예술적 가치를 떠나 당시 사치가 얼마나 화려했는지를 가늠할 수 있다.

배부른 로마인들은 입의 즐거움을 채우기 위해 사는 것이 로망이었다. 영화에서 자주 등장하여 우리에게 익숙해진 로마의 만찬은 산해진미와 와인을 곁들인 하나의 거대한 행사로 주인과 식객들은 평상에 비스듬히 누운 자세로 식사를 즐겼다. 수많은 노예들이 동원되어 차례차례 음식을 들여오는 로마의 만찬은 오늘날의 그 어떤 최고급 코스 요리와도 비교도 되지 않는 호화로움의 극치였다. 이들 귀족들은 배가 부르면 화장실에 가서 먹은 것을 다 토해낸 후 다시 먹기를 즐겼다고 한다. 또한 로마인들의 와인 사랑은 너무나 지극하여 오늘날 발굴되는 거의 모든 유적지의 지하에는 와인 저장고가 있으며 와인을 담는 술병인 암포라가 무더기로 나오곤 한다. 로마 군인의 수당이 와인으로 지급되었다고 할 정도니 로마인들은 포도주에 취한 사람들이라 해도 과언이 아니다.

그리고 로마하면 빠질 수 없는 쾌락의 문화가 하얀 수증기로 덮인 목욕탕이다. 로마의 목욕 문화는 가장 빨리 제국의 곳곳으로 전파된 로마 문화였다. 로마가 점령했던 브리튼, 리비아, 예루살렘, 터키 등 거의 모든 지역에서 고대 로마의 목욕 시설이 발견된다. 그 크기가 대규모로 화려하게 또 과학적으로 설계된 목욕탕은 오늘날과 같은 냉탕과 열탕, 사우나 시설을 고루 갖추고 있었다. 로마인들은 목욕이야말로 그들을 야만인과 구분시키는 가장 문화인다운 습관 중의 하나라고 취급했다.

목욕 문화의 발달은 성 문화로 연결된다. 오늘날까지 호기심의 대상이며 끊임없는 이야기를 자아내는 주제이다. 노골적이고 질펀한 성애 장면 그림, 각종 욕설과 문구로 뒤덮인 폼페이 사창가 유적지는 최근까지 여성 관광객들의 출입이 허용되지 않았을 정도다. 가장 두드러진 그들의 성 문화 가운데 하나는 남색으로 이는 오늘날 말하는 동성애와는 다르다. 로마의 성인 남자들은 십대 소년들을 섹스 파트너로 두는 경우가 많았으며 주로 노예 소년들이 그 대상이 되었다. 시저조차도 십대에 이런 경험을 했다는 기록이 있을 정도로 매우 지배적인 성 문화였으며, 더욱 기이한 것은 이런 장면들을 유리병이나 청동컵에 새겨 넣어 집안을 장식했다는 것이다. 현재 대영박물관이 소장하고 있는 유명한 '워런 컵'에는 한 성인 남자와 소년의 성애 장면이 새겨져 있어 당시의 사회상을 잘 대변해 주고 있다.

얼마 전 인기를 끌었던 영화 '글래디에이터'와 '스파르타쿠스'에서 보듯이 로마인들의 잔혹성과 폭력성은 현대인들의 상상을 초월한다. 어쩌면 영화에 그려진 것들은 실제에 미치지 못할 정도로 당시의 오락성은 인간을 포함한 모든 살아 있는 생물이 그들의 오락과 쾌락의 도구였고 로마 시민들은 이들의 피 터지는 생존의 투쟁을 엔터테인화하여 즐기며 환호했다. 생명을 걸고 싸우는 검투사들의 시합은 가장 인기 있는 볼거리였으며 콜로세움과 같은 거대 경기장에서는 고대 신화의 한 장면을 재현하는 공연도 펼쳐졌다. 물론 그 신화에서는 반드시 누군가 죽게 되어 있었고 때로는 맹수들이 등장하여 관람객들이 보는 앞에서 잔혹한 장면을 연출하기도 했다. 영화 "글래디에이터"에서 보여주듯이 기원후 81년 콜로세움 개관일에 목숨을 걸고 싸운 검투사들의 수는 무려 3천 명에 달했다고 한다. 로마인들의 잔혹성은 노예들에 대한 기록에도 생생하게 남아 있다. 노예들에 대한 가혹한 처벌은 끊이지 않았으며 가장 가혹한 것은 목숨을 끊어버리는 십자가형이었다. 십자가형이 얼마나 유행했는지 당시 십자가형을 대행하는 대행업자들이 성행했을 정도였다.

예수님을 못 박고 십자가 앞에서 속옷을 서로 가지려고 내기를 한 로마 병사들의 모습이 당시의 사형 방법이 이들에게는 한갓 쾌락을 즐기는 오락으로밖에 여기지 않았다는 사실을 증명하고 있으며 인간의 죄악상이 얼마나 극에 달해 있었는지를 보여주는 좋은 예라 하겠다. 뿐만 아니라 손님들 앞에서 술잔을 떨어뜨린 한 노예를 칠성장어 양식장에 던져 넣고 노예가 괴로워하며 죽어가는 장면을 즐겼다는 귀족의 이야기도 존재한다. 로마시 지사였던 세쿤두스가 의문의 죽음을 당한 후 범인을 찾지 못하자 그 집안의 노예 400명이 모두 화형에 처해졌다는 끔찍한 사례도 전해지고 있다.

5) 현실의 진단

오늘날의 럭셔리 과소비가 일상화 되어버리고 명품으로 도배된 개인의 외모지상주의가 모든 스펙의 기준이 되어버린 현실이 마치 로마 말기 현상처럼 배부른 돼지가 되어 현실에 안주하려는 무사안일주의로 나타나 미래를 꿈꾸지 못하는 소망 없는 세상이 되어버린 대한민국의 속살이 아닌지 살펴볼 때다.

배고픈 소크라테스가 사라지고 배부른 돼지들만 북적거리는 세상은 바람과 모래만 흩날리는 삭막한 사막과 같은 세상이 되고 만다. 바다에 백화 현상이 일어나면 물은 있으되 해초도 해물도 물고기도 모두 사라진 황량한 흰색 바윗덩어리만 남게 된다. 젊은이들에게 꿈이 사라지면 세상은 모래 사막이나 바다의 백화 현상처럼 삭막한 환경으로 바뀌고 만다. 젊은이들에게 꿈이 사라지면 미래를 향한 모험을 하지 않는다. 모두 편안하고 안락함에 취하여 새로운 세상에 도전하려는 용기를 내지 못한다. 가진 것이 많으면 무거운 몸을 움직이려 하지 않는다. 새로운 상품과 아이디어를 찾아 모험하려 하지 않다보니 모두 철밥통이라는 공무원이 되려 하고 있다.

사람의 직업을 생산직과 소비직으로 나눌 수 있다고 생각해 보자. 모두가 편한 소비직에만 종사하려 한다면 그 나라는 곧 망하게 되어 있다. 예를 들어 한 가정에 다섯 명의 생산 연령의 식구가 있는데 모두 집 밖으로 나가 돈을 벌어오지 않고 집안 일에만 열심하여 마당을 쓸고 방을 치우고 부엌을 닦고 화장실을 청소를 하고 지낸다면 그 집안은 곧 망하고 만다. 누군가 먹을 것을 벌어오고 입을 것을 벌어오지 않는다면 집 안에 있는 양식이 떨어지면 모두 굶어죽을 수밖에 없다. 극단적 예라고 말하지 말라. 북한이 그렇게 하다 지금의 현실을 맞이하지 않았는가? 로마 제국의 말기 현상에 현재의 대한민국을 비추어 보면 모두 집안 일에만 매달리는 공무원만 하겠다고 아우성치다 죽는 꼴이 아니라고 누가 말할 수 있겠는가? 여기에 한 술 더 떠서 정부는 일자리 창출이라는 명분하에 공무원 수를 늘리고 청년들은 정부가 떠먹여주는 달콤한 복지 혜택에 눈이 멀어지면 국가는 미래가 없다. 국가가 청년들에게 모험과 새로움에 희망을 부여하지 못한다면 그 나라는 곧 로마처럼 멸망하고 말 것이다.

국민 모두가 땀흘려 일하기보다는 정부가 어떻게 해 주겠지 정부만 바라보고 정부가 던져 주는 보조금만 기다린다면 모두 집안 일에만 열심을 내다 굶어죽는 꼴이 되고 만다. 국민 모두가 공무원이 되어 정부가 주는 돈으로 사는 나라가 바로 공산주의 국가다. 유럽이 종교 개혁 이후 각국이 기독교를 국교화시켜 목회자들과 교회 종사자들을 공무원화시키자 200여 년이 지난 현재 유럽의 기독교가 어떻게 되었는가?

젊은이들이 공무원을 선망하는 사회는 곧 망할 나라다. 젊음의 새로운 창의적 생각과 아이디어에서 미래의 먹거리가 나오는데 현실에 안주해 버리고 만 청년 대한민국은 공무원이 선망의 대상인 나라가 되고 말았다.

1세기 로마 제국의 경제력은 군사, 문화, 교육, 건축을 감당하고도 남을 정도로 풍부했다. 그러나 이 화려한 시대는 2세기 말엽에 기울기 시작하여 기원후 4세기쯤 로마 제국은 쾌락과 오락주의가 팽배하게 되었다. 그 후 만연한 쾌락주의를 비판하며 금욕을 추구하는 스토아 철학이 대세를 이루며 과거의 쾌락과 방종을 비난하였다. 그러나 한 번 쾌락과 환락에 물든 사회가 다시 금욕으로 절제된 사회로 복귀하는 것은 결국 불가능했다. 로마 제국의 멸망과 함께 쾌락의 문화도 차츰 잠들어 갔지만 화산재에 묻힌 폼페이시가 세상에 드러나자 도에 넘치는 로마의 쾌락 문화가 화산재로 박제가 되어 나타나 현재의 환락과 쾌락에 물든 세상을 비웃고 있지 않는가?

청년들이 움직이지 않는 사회는 죽은 세상이다. 국가의 권력이 선동과 거짓과 위선으로 불의를 저질러도 이에 항거하는 젊은이가 없는 사회가 어디에서 희망을 찾겠는가? 미국의 3대

대통령 토마스 제퍼슨은 말했다. "불의가 법이 될 때 저항은 의무가 된다"(When injustice becomes law resistance becomes duty). 청년들이 가진 것이 많아 몸이 무거워 움직이지 않는 사회는 곧 망한다. 현재 한국의 청년들은 무엇을 그리 많이 가지고 있는가? 쌓아 놓은 스펙이 무거운가? 아니면 선대에게 물려받은 재산이 무거운가? 아니면 전교조의 패악적 교육으로 모두가 결과적 평등주의자가 되어 정부가 던져주는 무상 복지에 영혼을 팔아버렸는가?

다시 한번 영국의 보주주의 아버지인 에드먼드 버키의 말을 들어보라. "The Only Thing Necessary for the Triumph of Evil is that Good Men Do Nothing." 그가 말하고 싶어하는 교훈은 "악의 승리는 선의 침묵"이라는 것이다. 선과 악을 구별하지 못하는 세대는 사탄에게 세뇌당한 사람들이다.

사탄은 아담과 하와에게 선악과를 먹게 하기 위해 거짓말로 선동했다. 선악과를 먹으면 선악을 알게 된다고. 여기서 선악을 알게 된다는 말은 선악의 기준이 하나님의 말씀의 진리가 아니라 현재의 내가 선악을 판단하는 기준이 된다는 선동이다. 인간이 선악을 가르는 기준이라면 이 세상은 이미 사탄의 세상이다. 세상에 선악을 나누는 기준이 사라지면 모두가 좋은 게 좋은 세상이 되고 만다. 이것이 PC 좌파의 핵심적 철학이다. 옳고 그름의 기준이 모호한 세상, 선악의 판단을 불완전한 인간에게 맡겨버린 세상, 남과 여의 구별 기준이 없는 세상, 거짓이 하루 아침에 참이 되어 버리는 세상, 역사의 판단을 함부로 열어보고 작위적으로 고치려는 세상이 망한 나라가 아니면 온전한 나라인가? 잠자는 선이 일어나야 악을 물리칠 수 있다. 선이 침묵하는 세상은 항상 악이 축배를 드는 세상이 되고 만다. 그런 나라가 대한민국이 아니라고 누가 부인할 수 있겠는가?

알버트 아인슈타인은 "세상은 악한 일을 행하는 사람들에 의해 멸명하는 것이 아니라 아무것도 안 하며 그들을 지켜보는 사람들에 의해 멸망할 것이다."라고 했다. 그리고 일찍이 플라톤도 이렇게 경고했다. "정치를 외면한 가장 큰 대가는 가장 저질스런 인간들에게 지배당하는 것이다."라고….